JN254449

大池文雄（中央）と左・対馬忠行、右・救仁郷建、『批評』前後

『批評』復刻版

―大池文雄著作集 付録―

目次

第1号

◉1957年8月1日発行

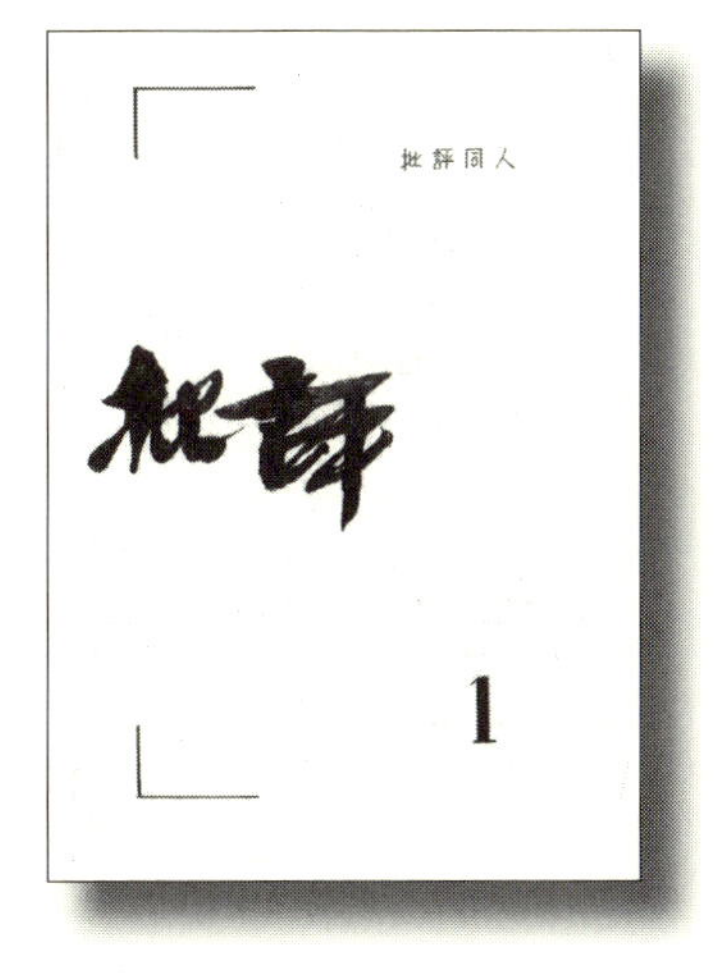

発刊のことば

批評同人は認識の基礎を科学に求めようとする強固な意志から出発する。

われわれは未来のために、ただ未来のためにのみ準備する。未来――、それは人間の人間に対する一切の支配と隷属が消え失せ、個性の自由と、創造的活動のみが、みちあふれるであろう、いまだ遠い時点である。

われわれは、われわれに先立つ世代が、一九一七年十月、そこに人類の未来社会の原型が生まれたと信じ、四十年をへた今日のわれわれの世代に至るまで、そこでは未来社会が着々と発展しつづけていたものと信じられてきたロシアにおいても、なお古い保守的なものが、革命当時のまぶしいばかりの光に彩られた前進への波動を制して、政治を後方へ押しもどしてきた事を、今に至つて手痛い衝撃とともに思い知らされねばならなかつた。本来、古い諸制度を打ち倒して、自己自身の全き否定を含む無階級社会への過渡的社会の実現をめざすべき前衛組織が、逆に組織の下に人々を組み入れ、服従、無知、思考中止という恐るべき状態に馴らしてしまい、組織自体決して自己を否定しえないまでに、下層から上層へ向かうにしたがつて、より大なる権力への意志が固定してしまうに至つた。いや保守的な軸を主軸とする「進歩的。前衛的」政治の巨大な遠心力は、真の実験的。創造的意慾を単に政治の分野においてのみでなく、およそ社会の進歩をめざすあらゆる活動分野において委縮、拡散せしめている。無知と、組織を背景としての、また組織に従属してのさまざまなコンプレックスに裏打ちされた信仰感情はまことに抜き難いものがある。

批評同人は、この閉ざされた現実と、それを蔽う虚飾にみちた被膜を、未来の光によつて透視し尽そうとする飽くことのない探究心をよりどころとする。

批評同人と雑誌「批評」の出発に当り、われわれの意のある所を汲まれ、諸賢の心からの御声援を期待するものである。

一九五七年七月

同人一同

単純実践主義批判

―認識論の反省―

救仁郷　建

スターリン批判、ポーランド、ハンガリヤ事件に対する批判反批判が国外、国内で活溌に行われているが、これら批判、反批判はともすると主観的必要から出発して、再びそれに終るという害からまぬがれていない。特に、マルクス主義者のこれら問題に対する反応は、かつて、これらの事件を引き起した意識構造から抜け切れていないことを指摘できる。スターリン批判とポーランド、ハンガリヤ事件、更に、これら国際的傾向と日本における極左冒険主義との関連性において分析がなされていない。ということは、それぞれの起つた事件についての主観的意図からの反論が主であつて、そこに潜在している一般的、普遍的問題については分析が行われていない。といつて、問題を抽象化することによつて、現実的事象を回避し、隠ぺいすることを主張しているわけではない。むしろ、強調したいことは、個々の具体的事象の分析、誤りに対する科学的検討が、今後、再び誤りを引き起さないことを保証し、マルクス主義運動を更に前進させる保証を与えるような積極的意義を十分に含んでいるような分析の一般化、普遍化を要求するのである。

今迄に発表されているマルクス主義者の諸文献の指摘は、マルクス主義者が原則としている下部構造的分析に集中されていると考えられる。人民日報が「プロレタリヤ独裁の歴史的経験について」における、スターリン個人崇拝に対する分析も、小生産経済にその根源を求めているし、チトー、トリアッチの指摘も制度に主眼を置いている。また、日本の極左冒険主義批判も「小ブルジョア的あせり」に求めている。制度の分析も大きな積極的意義をもつていると考えるが、それにしても、以下展開するであろうマルクス主義者の陥りやすい意識構造上の欠陥の指摘と統一することによつて、最も有効な批判になりうると考える。なぜなら、過去の誤りに対する批判の循環論的論法から脱しうるからである。

今迄に発表されているマルクス主義者の文献中、個人崇拝の分析において、意識上の問題を取上げているのは人民日報の論文である。ここで展開されているのは「小生産者意識」という極めて抽象的な分析で終つているし、また、このように意識の発生する下部構造的解明をもつて偏向思想そのものに対する批判的意義は消極的であるという意味からも不十分であると思われる。下部構造からの種々様々な人間意識への影響は不断にいり込んで来るのであつて、当面、われわれにとつて重要性をもつのはこれら影響された偏向的思想を明らかにすることと、直接的にいかなる過程において、かの重大な誤りを生みだした思想が発生したかを明らかにすることである。更に、今迄の諸批判の不十分な点は、個人崇拝、ハンガリヤ事件、極左冒険主義等が意識構造上、深い関連性をもつている点を見逃していることである。しかも、この関連性の意味するものは歴史的傾向をもつものであることも考慮されねばならない。

以上の視点からここでは意識の問題を独立的に堀り下げて考察することにする。

最近の諸事件の発生原因について意識的、思想的側面からの批判は、マルクス主義者のそれが主観的、観念的傾向にもとずいていることを一般的に指摘している。実例を上げるまでもないことであるが、個人を崇拝する思想が主観的、観念的であることは説明を要しない。しかるに、この個人崇拝批判が同時に制度批判を伴つた時、制度批判に対する反批判を行うことによつて、現実に個人崇拝批判のもつ重大な意義が見失なわれてしまうのである。同じことはハンガリヤ事件の際にも伺われる。

ハンガリヤ事件発生の外的要因の指摘を行うことによつて、そこに含まれている重大な内部要因の分析が見落されてしまう。また、日本においても本質的には同様の傾向を指摘することができる。過去の論文「前進せよ」においては、選挙戦において現実に敗北したにかかわらず、それを認めることは敗北主義に陥いるとも、結局は成功したのであるというように主張している。同様に、日ソ国交渉の際にも、現実に国民的関心が領土権に集中していたにもかかわらず、領土の問題を取り上げることは「米日反動」の政策に乗ることになると論じていた。日本において、これらの傾向が最も鋭く表われたのは、極左冒険主義の思想である。現実に革命情勢が切迫していないにかかわらず切迫していると判断し、その判断に反対する異見や、批判した人々に対しては「米日反動の手先」か、又は「スパイ」の印を押すことによつて、自己の主観的意図を貫ぬこうとする最も極端な観念的思想に徹したのである。そして、これらの傾向は今日にいたるも克服されずに残存している。これ以上、詳細に例示することを避けるとしても、これだけで十分に、マルクス主義者の主観的、観念的傾向を一般的に指摘することができると考える。しからば、かつて、レーニンが「左翼小児病」において批判している「自己の観念的、政治的態度と客観的現実との混同」ということは、現在においてもそのまま適用できるし、有効性をもっていると考えられる。毛沢東の最近の論文「人民内部の矛盾」においても、「敵と味方の矛盾と人民内部の矛盾の混同」を指摘しているが、これを意識上の問題から考察すると、現実に存在する種々の矛盾、しかも、自己に不利な側面についてはすべて敵と味方の矛盾に収斂してしまう主観的、観念的意識が「混同」をもたらす結果になると指摘できるのである。

教条主義を批判して、毛沢東が「実践論」においてマルクス主義者の認識過程を詳細に論じているが、ここで再び、マルクス主義者の認識過程の問題を研究の対象にしなければならないと考える。「実践論」で考察されている実践、認識、再実践、再認識、の分析はそれだけを取り出すならば、優れた研究として評価しうるが、マルクス主義者の陥る観念的傾向に対しては、直接的に有効な批判にはなりえないと考える。なぜなら、感性的認識の段階において、すでに、客観的現実とは異ったシエーマをとらえてしまう可能性は十分に存在するし、実践の認識に対する検証性も認識を相対的な独立要素とすることによって有効性をもつのであって、認識が実践の附属的、非独立的要素として把握されている場合には、その検証性は実践のための実践の検証性に転化してしまう。したがって、再認識の段階における評価基準は前提された実践的意図=主観的意図におかれてしまうことになる。かくして、観念的意識構造が確立され、「進歩的文化人」から指摘された「奇妙な発想法」が成立するわけである。

認識および認識過程が相対的独立要因として把握されず、従属的地位に転化されるのはなぜなのかという疑問が依然として存在する。しかも、この点についての解明はなされていない。レーニンの前の指摘はこの点に関してかなり接近していると考える。「客観的現実と自己の主観的、政治的態度の混同」の意味する積極的意義をとりだして、分析する必要性を強調したい。

認識および認識過程が相対的独立要因として機能せず、従属的地位に転化してしまい、すべての事物にたいする評価基準が実践的、主観的意図におかれてしまう意識構造上の原因はどこにあるか。

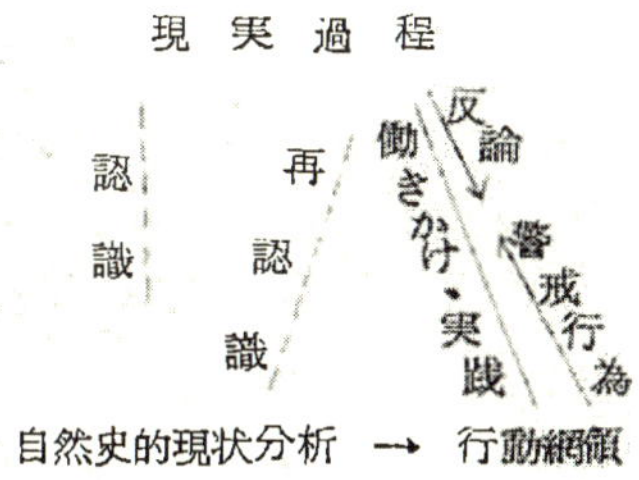

現実過程
認識
再認識
反論
警戒行為
働きかけ・実践
自然史的現状分析 → 行動綱領

上の図はマルクス主義者が絶えず行っている生活の図式である。点線は認識過程を示し、実線は働きかけ=実践を示している。働きかけの過程と認識の過程とは機能的に異った過程であり、厳密に区別しなければならない。したがって、現実過程に対して、当初、設定した分析方針で働きかけ、それによつて、再認識、再評価が絶えず行われてゆくべきであるに拘らず、その分析、方針、運動に対する反論、攻撃、そして、それにたいする警戒意識、批判、反批判に認識過程が混同され、同化され、果てはひきずりまわされると云う結果をもたらし、自分たちで設定した分析、方針、運動の擁護、そして、それがさらに絶対視に転化する。このことは前に指摘したように評価基準が主観的意図に接近して行く傾向を意味している。

かくして、主観的意図が評価基準として機能して、主体的実践と客体的現実を度量する。ここにおいて、観念的意識構造が完成する。客観的には、その実践が現実からかけはなれているものであつても、評価基準が主観的意図におかれている場合には、現実は本来的現実の意義が消失して、反対者による策動か、それに類するものとして評価されざるをえなくなるであろう。その結果、マルクス主義の本来的意図としての人間解放が、ひにくにも人間抑圧、人間疎外に帰着してしまう。人間を大切にし、大衆から学ぶ思想はそれをいくら口でとなえても、大きな黒い岩で押しつぶされて見えなくされてしまう。

実践の能動的機能と認識の受動的機能とは相対的独立要因として厳密に分離しつつ、対立物の統一として不断に発展させることのできる保証は、評価基準を現実に置くことを厳守することによつてのみである。

（一六頁よりつづく）
らの機能は廃止されるのではない。コンミュンの、したがつて責任を厳重にとる諸機関によつて処理されるはずになつていたのである。国民の統一は破壊されるべきものではなく、反対に、コンミュン制によつて組織されるべきものであつた。そして国家権力　それは、国民そのものから独立し、国民そのものに優越して、国民の統一を体現したものと称してはいるが、国民そのものからすれば、一つの寄生した不用物にすぎない　を破壊することによつて、国民の統一は実現されるべきものであつた。ふるい統治権力のもつぱら抑圧的な諸機関はたちきつてしまうべきであつたが、他方、その正当な機能は、社会そのものより優越している権利をうばつたもの、からこれをもぎとつて社会の責任ある機関の手にもどすべきであつた。普通選挙は、三年ないし六年に一度支配階級のうちのどの分子が議会で人民を代表するかをきめるのにつかわれる、というやりかたをやめて、コンミュンに組織された人民に役立つべきものとされた。」「他方、階層制による任命で普通選挙にかえることほど、コンミュンの精神に縁遠いものはありえなかつた。」

「従前の政府形態がすべて甚しく抑圧的なものであつたのに反して、コンミュン」は「どこまでも発展性のある政治形態であつた」「コンミュンの真の秘密はこうであつた。即ち、コンミュンは本質的に労働者階級の政府であり、占有階級に対する生産階級の闘争の所産であり、労働の経済的解放が達成されうる遂に発見された政治形態であつた。」（「フランスの内乱」三、六月版ML選集第十一巻三二八頁〜三三二頁）

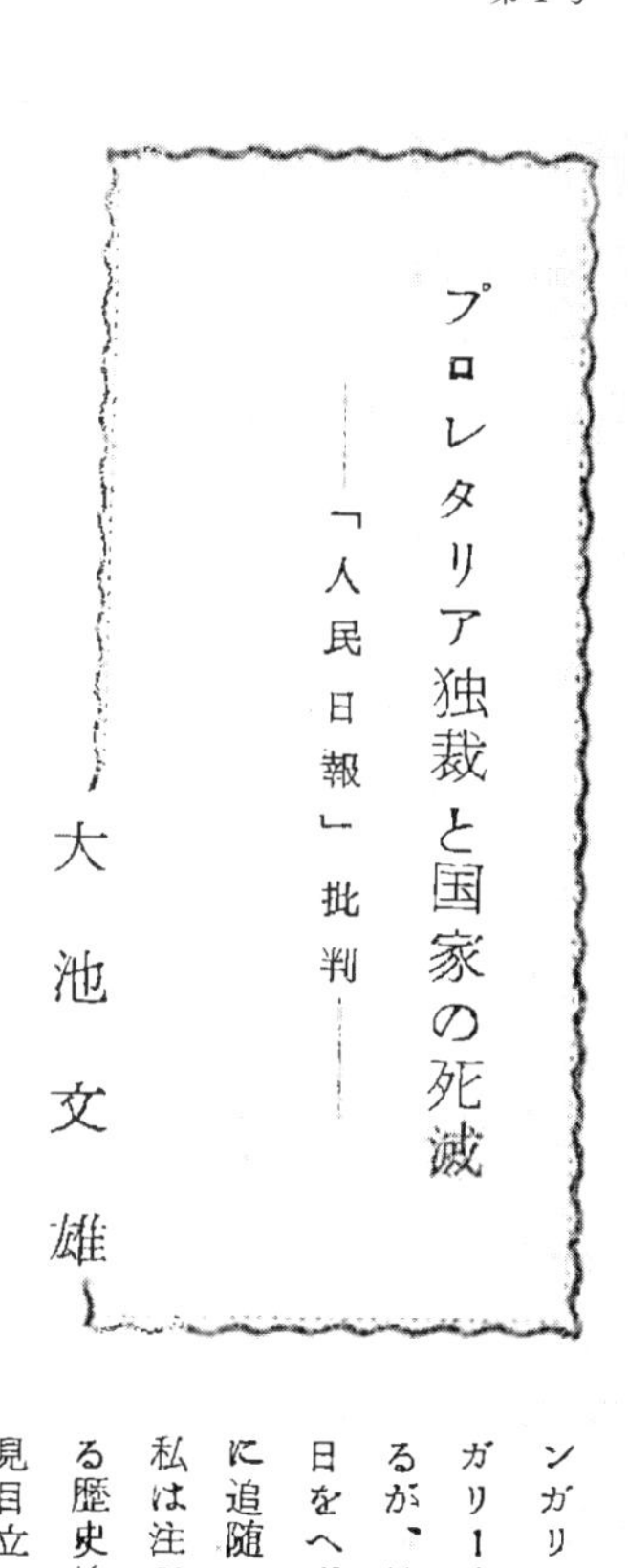

プロレタリア独裁と国家の死滅

——「人民日報」批判——

大池文雄

中国共産党の機関紙「人民日報」は、ソ同盟共産党二十回大会で提起され、論争されてきたスターリンの功罪を論評して「プロレタリアート独裁に関する歴史的経験について」を発表した。党内のイデオロギー上の混乱を収拾しかねていた日本共産党の指導層の大半は、この論評をスターリン批判の決定版として宣伝、普及しようとした。しかし、まもなくポズナン暴動の前哨戦の後、ポーランドがソ同盟からの従属をたちきり、つづいてハンガリーの悲劇が起つたのであるが、これらの事態の発生をこの論評も、何一つ予測しえなかつた。

マルクス主義の強みは予見する能力にある。われわれが昨日の問題に科学的分析を加えるのは、明日を洞察し、今日の最も切実な問題をひきだそうと欲するからである。

ポーランドでゴムルカを中枢とする反対派が権力を握り、ハンガリーで鋒起が始つた時、われわれの心はポーランドとハンガリー人民と共にあると声明し、自国の事にかこつけてではあるが、社会主義大国の大国主義を戒めた中国共産党中央が、旬日をへずにハンガリー鋒起を反革命陰謀と宣伝したソ同盟政府に追随し、鋒先を「小国の狂心的民族主義」に転じ始めた事に、私は注目せざるをえない。「再びプロレタリアート独裁に関する歴史的経験について」（以下「人民日報」再説とする）は一見目立たなかつたが、注意深い人々に首を傾けさせたこの屈折の後に出されたものである。

私はここで共産主義の理念にとつて、古いが、しかもいぜんとして新しい次の命題から出発したい。

プロレタリアート独裁のもとで、国家の死滅（共産主義）はいかにして準備されるか。

「その能力に応じて各人より、その労働に応じて各人へ」——われわれ共産党員のほとんどが、このスターリン憲法の条文を、社会主義のイメージを明快に表わすものと、つい昨日まで考えてきた。しかし実際には、数十年の間ソ同盟における能力の意味は、スタハノフ主義、ノルマの超遂行——いかにして他人にぬきんでて労働の生産性をあげるか——ということをぬきにしては存在しなかつた。「その労働に応じて各人へ」とはノルマ超過率に応じて幾何級数的に鋏状にひらく差別＝出来高払制賃金、労働赤旗賞その他の褒賞制度、スタハノフ労働者に対するアパート、休養地等の優先割当等各種の恩典、頭脳労働と肉体労働との甚しい賃金差、政府高官の各種の特権＝住宅、別荘の給付、奢侈品の優先配給、等々を意味していた。

「マルクスの定義の二つの部分は分離できないものである」とレオン・トロツキー（註）は「裏切られた革命」（昭和十二年改造社刊荒畑寒村訳）でのべている。「資本家ではなく共産主義者にとつては、『各人の能力に応じて』という意味は、労働はもはや負担ではなくなつて個人的必要に変つた、社会は今後決していかなる強制をもたないという意味である。ただ病人や普通の身体でない人々だけが労働を拒絶しうる。『その能力に応じて』――即ち、いかなる強力も加えられることなしに、肉体上の、また精神上の力に応じてという意味で――労働すれば、高度の技術の結果、社会の各員は社会の倉庫を充分に満たすことができ、従つて屈辱的な管理を行うことなしに、社会は各人に『その必要に応じて』寛大な給与を行うことができるのである。この二面性をもちしかも不可分な共産主義の定式は、この様にして富裕、平等、あらゆる面への人格の発展及び高度の文化的訓練を実現できるのである。」（二四四頁）

（註）私見によれば、レーニンはロシアで労働階級とその党が国家権力を掌握した後、国家の死滅をいかにして準備するかという命題については独自の理論的展開を示していない。レーニンが世を去つた後、この問題を深めた理論家として、トロツキーをあげることができる。しかしこれも彼がロシアの現実の政治の舞台からは異端として無慈悲にしりぞけられて後のことであつた。

トロツキーはスターリンが神格化される度合に逆比例して悪魔化されてきた。しかし最近の世界史の上でのいくつかの事件は、かつてスターリン派にたえず自己の見解を対置してきたトロツキーをも、第三インターナショナルの全歴史の再評価の一つとして過去の歴史の真実の軌跡に沿うて再検討せしめる必要を私に感じさせている。今や今日まで少からずわれわれを支配してきた宗教的感情に別れをつげて、科学を真に科学たらしめる態度をもつて、虚妄の権威に支えられた虚偽に批判のメスを振うべき時であろう。

一九三六年六月一日、新憲法が採択された当時、ソ同盟で各人がその必要に応じて受取れるほどの消費物資を絶対に生産することはできなかつた。そこで社会は労働者にその能力に応じて働くことなど許すことはできなかつた。だからいまだにそこでは、食うために堪えねばならぬさまざまの桎梏をともなう労働がいぜん一般的であつた。

ドイツ革命の敗北、イギリス総罷業の敗北、中国革命の敗北等、一連の革命の波がすぎさつた一九二七年以降、十月革命のなしとげた総ての成果、とりわけ生産手段の国有化、農業の共同化を基礎とするソヴエト制度——国の農業人口を労働者階級の周囲にひきつけつつその独裁を維持する——の民主主義的側面を守りぬく事は、一連の敗北に対するソ同盟共産党とコミンテルンの中枢の指導上の誤謬（客観情勢の成熟時の主観的誤謬）を徹底的に明らかにするとともに、敗北の結果、ソ同盟の直面した困難をありのまま認めるところから、再出発すべきであつた。

生産手段の国有化と国家的計画による重工業化にも拘らず——アメリカと同等の進んだ機械をいきなり知識と熟練度の不毛なロシアに移し植えたからといつて——労働の生産性が極めて低かつた事は止むをえない。全同盟的生産の組識の仕事は、古い労働者達と少からぬボルシエヴイ達が、内戦でその成員の多くを失つてしまつた事情の中で、農村から大量に流入した新しい未熟練で政治的に盲目な労働者を相手に行われねばならなかつた。生産の組識化そのものが上からの計画に対応する厖大な官僚機構を発生させる事になつた。戦時共産主義は食糧と消費物資の恐るべき欠乏という基礎の上に、ソヴエト制度の中央集権によつて強制された純粋平等的な分配を意味していた。数次の五カ年計画を経た後では、計画遂行そのものにとつて不可欠の官僚層を、その余剰部分をもつて十分に養うに足り、なお労働者階級を分化せしめうるほどに急速な生産力の増大がもたらされた。ヨーロッパ及び中国の革命の敗退によつて、自国と自階層の滅亡への不安にかりたてられ、世界的な階級闘争への不信におちこんだソ同盟の支配的官僚層は、他面では極めて根強くヨーロッパの革命的危機の再来を待ち望みながらも——この主観的願望は戦前のスターリンの著書の至る所にみられる——一国における社会主義建設という現実的には保守的な、政治的気分においては、今や大ロシアの支配的政党となつたボルシエヴイキ党の多くの党員達の衿持と幻想に少からぬ共感を覚えさせたスローガンに立籠り始めたのである。多くの党員とは、まずドイツ革命から中国革命にいたる失敗の自己批判と責任を回避したスターリン派の指導層であり、加えて十月革命以後、農村から補充された労働者出身の新しい数十萬のあらゆる意味で未熟で、過去の実際を知らず、反対派の発生の意味をほとんど理解できない層——党と国家行政機構の中枢を握つたスターリン派によつて教育されてきた層であつた。ふくれあがつた官僚層は自己の政治的人格的表現としてスターリンを絶対化しはじめ、公然と大きな政治闘争を展開したトロツキーを中心とする反対派は一九二七年の中国革命の敗退以後一層激化した政治的反動の中で、左遷、流刑、投獄、国外追放等の嵐によつて、.根こそぎ.にされてしまうのである。

スターリンは一九二六年一月「レーニン主義の諸問題」で二年前「レーニン主義の基礎」(第一版)で展開した自己の見解、即ち「ブルジョアジーを打倒するには、一国の努力で十分である」「だが社会主義の終局的な勝利のためには、社会主義的生産を組織するためには、一国の努力、とくにロシアのような農民国の努力だけではもはや不十分である。そのためには、幾つかの先進国のプロレタリアの努力が必要である」(「レーニン主義の諸問題」の六の中に引用された文章より、真理社版一七六頁)との見解を改めた。「一国の力によつて社会主義の建設を完成する事が可能であるかという問題――この問題に関しては肯定的な答えが与えられなければならない」と彼はのべ、「多少とも真剣な復古の試みは」「国際資本の援助があつた場合にのみ、起りうる」のであり、幾多の国の革命の勝利がない場合には、武力干渉――つまり復古から「完全に保証されている」とはいいがたいのみだといおうとしている。そして一九三六年には新憲法が制定され、ソ同盟で社会主義生産の組織に成功したと宣言された。国民は実際にはコンミュン型のソヴエト民主主義とは似ても似つかぬ大ピラミッド型中央集権制度を上に載く事になつたのである。

トロツキーはクレムリンで「社会主義の勝利」を祝う祭典が行われていた同じ一九三六年八月にこう書いている。

「ブルジョア社会はその歴史の過程において、その社会的基礎を変える事なしに、幾多の政治制度や官僚の身分制を置きかえた。ブルジョア社会はその生産方法の優越性の故に、封建的ギルド的諸関係の復帰を身をもつて防いだ。国家権力は、資本主義的発展と協力することも、或はまたそれをブレーキをかける事もできた。しかし一般的には、私有財産と競走とを基礎とした生産力は、すでに自己の使命を果し尽した。これに反して、社会主義革命から発生した所有関係は、その関係の元締めとしての新国家と密接に結びついている。小ブル的傾向に対する社会主義的傾向の優越性は、経済の自働作用――そこまでにはまだまだ距離がある――によつてではなく、独裁制の行う政治諸方策によつて保証されているのだ。かくして、全体としての経済の性質は、国家権力の性質に依存しているのである。

ソヴエト制度の崩壊は、不可避に計画経済の崩壊に導き、かくてまた国家財産の廃止に導くであろう。トラストとトラストに属する工場間を結ぶ強制の絆は消滅するであろう。そしてより一層成功的な企業が独立の途上に現れるであろう。

それらの企業は株式会社に変身するかもしれないし、或はまた、例えば労働者が利潤に参加しうるような他の過渡的所有形式を発見するかもしれない。同時に、しかもはるかに容易に、集団農場は分解するだろう。かくて現在の官僚的独裁政治の没落は、もしも新なる社会主義的権力がこれに代らなかつたならば、産業と文化の破局的廃退と共に、資本主義関係への還元を意味するだろう。」（前掲書二三七頁）

「ソヴエト同盟は、資本主義と社会主義との中間にある矛盾せる社会である。そこでは――

（a）生産力はまだまだ国有財産に社会主義的性質を与えうるまでに至つていない。

（b）国民の窮乏によつて作り出された原始的蓄積傾向は計画経済の無数の孔を通じて破綻を示す。

（c）ブルジョア的性質を残している分配方式が、社会の新なる分化の基礎となる。

（d）経済的発達は、徐々に勤労者の地位を改善しつつあるが、特権階級を急速につくりだしている。

（e）官僚は、社会的対立を利用しつつ自ら社会主義とは背反する専制的身分に転化した。

（f）社会革命は、支配的党に裏切られたが、今なお所有関係と勤労大衆の意識のうちに存在している。

（g）これ以上の諸矛盾の発展は、社会主義に導くこともできるが、また資本主義にも導きうる。

（h）資本主義への途上、反革命は労働者の抵抗を叩き潰さねばならぬだろう。

（i）社会主義への途上、労働者は官僚政治を顚覆しなければならぬだろう。この最後の分析においては、問題は、国内及び世界の舞台において生ける社会的勢力の闘争によつて決定されるだろう。」（「裏切られた革命」）

やがて歴史は進歩の弁証法の執拗な自己貫徹力をもつて、ソ同盟の深化した内部矛盾の様相を表面化した。ハンガリー蜂起は、その国内政策と同一の根をもつソ同盟の民族主義的対外政策に大きな打撃を与え、ハンガリーの官僚専制に後退を余儀なくさせたにも拘らず、それを打倒し労働者の権力を生みだすには至らなかつた。しかし反革命的ファシスト分子が蜂起の様々の展開の中に紛れこんでおり、経験と見通しをもつた統一された革命的前衛党が存在しない中で、恐るべき混乱が支配したにも拘らず、新しい権力の萌芽をもつた労働者評議会が都市に生まれ、蜂起が踏みつぶされた後、カダル政府によつて経済政策と国政への発言を封じられつつも、存続しつづけようとしている。これが生産の回復と労働者階級の力の蓄積の一時期を経た後、階級闘争の何らかの過程で、再び労働者階級の権力として自己を主張し始めないとは何人も断言できない。ハンガリーはいぜん官僚政治が残されたにも拘らず、昨年十月の危機の瞬時の間に、集団農場は跡かたもなく崩壊し去った。またハンガリー蜂起は小ソ同盟を目ざしたラコシ、ゲレの徒党のアウタルキーの反動的試みの完全な破産でもあった。ハンガリー蜂起の武力鎮圧は、ソ同盟の官僚支配の危機の表現であった。ハンガリー蜂起は、一瞬の悲劇的光芒の下に、スターリン主義の国際プロレタリアートに対する貸借対照表の、ありうべき姿を照しだした点において、深刻な研究に値するものである。

先頃伝えられたソ同盟のフルシチョフ。テーゼと呼ばれる、工業と建設部門の経済行政機構改革計画は、国家の中央集権のもとに、集中されて発展してきた工業トラストをソ同盟全土へ分散させ、工業に対する行政官僚の一元的支配に打撃を加え、生産に新しい刺戟を与えようとするものであった。しかしこの計画は、官僚及び軍部、特に軍部の圧力によって大巾な修正を余儀なくされ、期待は裏切られてしまった。にも拘らずこの事件は、ソ同盟における官僚と軍部の支配が、改良主義的方法―制度の平和的手段による改革によっても、覆される可能性があるという事を示したかにみえる。フルシチョフは生産力の発展段階と生産関係との現存する矛盾を、上から調整しようとしているのであるが――この事自体、労働者階級と新しい数十萬の技術者層の官僚政治への不満の自然発生的昂揚と、古い行政官僚との衝突の激化、生産の停滞等々の事情に即応したものである――下からの改革への大衆的労働運動こそ、十月革命当時と較べて全く面目を一新した、高度の技術の基礎の上に、十月革命のなしとげ、またなしとげようとした社会主義的諸制度を甦らせる事のできる唯一の力である。

危惧はいぜん存在する。今の所、二十回大会以後、はけ口を見出し燃上った全国的な反感のために、他面、今では自らも、金ばかりかかる無用の時代錯誤である事を感じ、自信と戦意を失っているがために、自己防衛のための再結集が困難となってはいるが、フルシチョフ改革が一定の調整を完了し、官僚にとって相対的安定期が再び訪れた場合、彼らがなお国家権力の主要なたずなを再び強固に掌中に握りしめてしまう可能性がある。下からのトラストと官僚制度の徹底的打破、コンミュン型の諸制度の樹立をめざす意識的な労働運動が存在していない現在、それは不可避であるだろう。またフルシチョフ。テーゼの実行によって、大巾に工業管理の権限を与えられる地域経済会議を、間もなく自己に従属せしめるかもしれぬ、分散されてはいても、地域的に一定の権力を掌握した小行政官僚機構が発生するだろうとみる事は極めて現実的である。この地域的小権力及びこれと一時的に妥協をとげるかもしれない工場管理者、高級技師、職工長級の労働者階級上層の発言権の増大が、一定時期、制度の民主化の運動を妨げる可能性がある。次に最も強くフルシチヨフ。テーゼに抵抗した運部は、防衛産業担当省の分野での各省の存置に成功した。しかし各省はもはや所管産業の直接運営指揮をとる事は許されず、兵器産業さえも地域経済会議の運営下におかれ、各省は企画。調整機関になる。とはいえ、これすら、生産手段の国有段階から地方分散化＝社会化への意識されたコースに基き、それに対応させてソヴエト民主主義の復活、権力の地方分散＝コンミユン型の制度の確立を目指すものでない限り、国際情勢の新たな緊迫化、フルシチヨフ。テーゼ実施上の諸困難、労働者階級の組織され統一された政治的自覚の未成熟という条件の中で、経済及び政治の指導権を軍部が大巾に掌握するような事態が起らないとはいえないのである。

ソ同盟において、なお社会主義の名に値する社会主義に到達するには、時と条件によつては、暴力的衝突を含むかもしれない一過程を必要とするのである。そのためにはレーニン時代のすぐれた特質を受けつぎ、さらに最近の国際的経験によつて自らを豊富にし発展せしめた、目的意識をもつた前衛党が必要とされるであろう。官僚制度が打倒された時、党はまずソヴエトと労働組合の民主的機能を完全に回復せしめねばならない。ソヴエト各派の自由をも回復すべきである。そして大衆と共に国家機関の浄化を断行し、位階と勲章、一切の特権を廃止し、労働賃金の不平等を経済と国家機関の存立に必要な限度内にとどめねばならない。中央集権的な警察はいつでも解任しうる民警にかえられ、元師以下の軍隊内の位階は廃止され――軍事的能力と政治的自覚の差によつて、各段階の指揮官及び兵卒に分けられるのみ――地方的工業中心地と交通網の発達の程度に応じて、常備軍は逐次地方的軍隊＝民兵にとつてかわられねばならない。青年に対しては独立して物を考え、学び、批判し、成長する自由な機会が必要とされる。対外政策は根本から改められ、国際主義にのつとつて、ソ同盟、中国、東欧諸国はともに世界革命の拠点としてかつ予備力として、世界の労働者階級の利益と連帯性ある外交政策が基調とされるであろう。そうして、平和の時代には「力の政策」は二義的な役割を担う事になり、反戦闘争は第一義的には、資本主義諸国の階級闘争と、A。A諸国の独立闘争とに依存する事になるであろう。しかし、所有関係に関しては革命的手段ではなく、一連の改革が適用される。工業の地方分散化、工場と生産の労働者による管理―ユーゴスラビアで一九五〇年以降実験を続けている所から示唆される点が多いに違いない――国家的所有から社会的所有への漸次的移行と平行して、労働者と農民大衆の意志に応じての、国民所得の分配の適正化の一連の措置がとられるであろう。計画経済はなお長期にわたつて試みられるが、全般的オートメーション化と原子力の工業動力への導入という、十月革命当時は夢想もされなかつた高度の技術のもとに、経済の自動化への漸次的移行が可能となる。やがて来るべき世界革命の勝利は、国際的経済の計画的相互依存を可能ならしめ、国家の死滅への最後の過程が始るに至る。その能力に応じて各人より、その必要に応じて各人へ。個性の全き開花をみる。

レーニンはかつてカウツキーを厳しく批判した時、カウツキーは「マルクスがパリ。コンミニンの分析において与えたものの総てを『忘れた』と言つた（「プロレタリア革命と背教者カウツキー」五、世紀書房版六七頁）。今日「人民日報」再説が「けれども、マルクスとエンゲルスは、七十二日間しか続かなかつたパリ。コンミユンを別として、それ以外には彼らが生涯を捧げたプロレタリアート独裁を自ら体験した事がなかつた」と評して、対比的に十月革命におけるレーニンとソ同盟共産党の体験を持ち出す時、当のレーニンは何と評するであろうか。レーニンはソヴエトをコンミユン型の国家ないしそれへの出発点と考え、そこからのあらゆる逸脱と、それに対するあらゆる俗流的解釈と闘い続けた。にも拘らず、中国共産党中央は少くも七十二日間以上続いた十月革命からどんな教訓を導き出したか。

「①プロレタリアートの先進的成員が、マルクス＝レーニン主義を行動の指針として採用し、民主的中央集権制の方針にそつて構成され、大衆との緊密な結びつきを打立て、勤労者大衆の中核となるよう努力し、党員と人民大衆をマルクス＝レーニン主義の精神で教育する共産党に自らを組織する事。」

革命の発展へのいかなる展望をもつかによつて、中核たりうるか否かが決定するのであつて、見通しなしに何を望みうるか?!

「②プロレタリアートが共産党の指導のもとにすべての勤労者を結集し、革命的闘争によつてブルジョアジーから政治権力を奪取する事。」

運動の干満にどのように対処するか。革命的危機の客観的様相を捕え、今日の焦眉の問題をいかに提起しうるか、権力奪取のための生きた煽動と組織化、全戦術の一般化は?

「③革命の勝利の後プロレタリアートが共産党の指導のもとに労農同盟を基礎に広汎な人民大衆を結集し、地主、資本家階級に対するプロレタリアートの独裁を樹立し、反革命の抵抗を粉砕し、工業の国有化を実施し、さらに一歩々々農業集団化を実施し、こうして搾取制度、生産手段の私有、階級を廃止する事。」

まさにプロレタリアート独裁の基本的素描と諸機能が問題と

されているのに——。パリ。コンミユンについてのマルクスの生きた描写に含まれる科学的洞察の深刻さと較べて、何という無味乾燥な図式化であろう。

「④プロレタリアートと共産党に指導される国家が社会主義経済文化の計画的発展に人民を導き、これを基礎にして人民の生活水準をしだいに引上げ、共産主義社会への移行を積極的に準備し、そのために活動する事。

「⑤プロレタリアートと共産党に指導される国家が、帝国主義的侵略に断乎として反対し、すべての国民の同権を認め、世界平和を擁護する事。プロレタリア国際主義の諸原則を堅持して、すべての国の勤労者の援助をうるよう努力し、同時にすべての国の勤労者とすべての被抑圧民族を援助するよう努力する事。」(以上五項、昨年三月三〇日付アカハタ紙上「再説」第一部)

レーニンは「民族的共感にもとずく国境の設定」「独自の国家を建設する自由」という概念と切り離して民族自決を論じはしなかつたし、「ひとたび大衆的民族運動が発生した以上は、それを放棄したり、そのうちにある進歩的なものを支持することを拒んだりすると、それは民族主義的偏見に屈伏すること、即ち、『自分』の民族を『模範民族』と認める事(もしくは、われわれの方から附言すると、国家建設について独占的な特権を有する民族と認める事)を意味する」(「民族自決権について」一九一四年四ー六月、第八章彰考書院版レーニン民族問題第一巻三一四頁)としている。「勝利したプロレタリアートは自らの勝利を葬り去る事なしには、すべての他民族にどんな幸福をも強要することはできない」(エンゲルスのカウツキー宛の一八八二年九月一二日付手紙)とのエンゲルスの一句を「植民地に対してだけでなく、すべての『他民族』に対しても適用される無条件に国際主義的な原理」であるとレーニンは述べている(「自決に関する討論の決算」一九一六年十月、第九章彰考書院版民族問題 第三巻五八頁)。これは世界の労働者階級を分裂から防止し、諸国民、諸民族の接近と融合をもたらすための前提であり、最初に一国、ついで数国、さらに全地球上にプロレタリア独裁がひろがる、長期にわたる世界独命の一連の断続的過程の辿る必然的な一時期である。ソ同盟の東欧に対する衛星国化政策はプロレタリア独裁の概念とは何の共通性もない民族主義であり、官僚政治の不可分の申し子である。

中国においても十月以後のソ同盟の経験は他山の石以上の深刻な意味をもつている。スターリンの誤謬をスターリンの誤謬それ自体として理解する限り、その国内的、世界史的な発展の未成熟故に、官僚が勝利していつた真実の弁証法は解き明すべくもない。「人民日報」はスターリンの誤謬の客観的基礎を「

幾百萬大衆の習慣の力」に求めているが、なるほどそれは森の中の一木ではあつても森そのものではない。再説が「ソ同盟が経済的に急速な進歩をとげたという事実は、その経済制度が大体生産力の発展に適応していた事実を証明している。さらに、その政治制度も経済的基盤の諸要請に適応していた事実を証明している。スターリンの誤りは社会主義制度から発生したものでない」（再説第二部）という時、幾重もの誤りを犯している。十月革命の生んだ国家的所有と計画経済は後進国ロシアに歴史の数十年をとびこえさせて、進んだ機械を大量に移植し、大工業国に変貌せしめた。しかしそれは、社会成員の間に新しい分化が起り、不平等と位階、特権が生じ、自己閉鎖的な官僚政治が大衆を押のけて国家権力を支配する道ゆきと重なりあつていた。国家の富の増加は、確かに人民の生活水準を向上せしめた。しかし、それとて楯の一面であり、資本主義が隆盛にむかう時にもみられる一面にすぎない。商品循環を基礎とする労働の生産力の向上は、同時に社会的不平等の発達をもたらす。生産指数の向上に正比例して人民の幸福が向上すると考えることは、よしんばより以上の不平等の発展がなかつたと仮定しても、粗末な空想にすぎない。人民の物質的文化的慾求は、拡りと高さの双方においてたえず増大するし、特に革命期の人民の前方への志向は平常の数倍にも達するであろうから――。技術の極めて低い段階、農民が人口中の圧倒的多数をしめている段階から出発しなければならぬ今日の中国においても、新たな水準で窮乏が一般化する事は避けえない。それと共に、必需品に対する闘争が新たな規模において始まり、資本主義的法則がたえず自己を貫徹せしめようと試みるであろう。一切の古い屑が新しい制度を脅し始めるであろう。「スターリンの誤りは社会主義制度から発生したものではない」然り、それは官僚の大衆に対する勝利の表現であつた。

「社会主義デモクラシイは、いかなる場合にもプロレタリアートの独裁に対抗すべきではない」と再説（第三部）がいう時、全く奇妙な倒錯ないしは概念のあいまい化がそこにある。「社会主義デモクラシイの唯一の目的は、政治的・経済的・文化的分野において等しく」プロレタリアートと全勤労者に「社会主義建設の見通しを与え、すべての反社会主義勢力との闘争で彼らの精力を十分発揮させる事である」云々。誰が「与え」「発揮させる」のか？プロレタリア独裁が社会主義デモクラシイを利用して？ プロレタリア独裁は収奪者の収奪のためのものであると共に、労働の経済的解放を基礎にしたあらゆる個人の自由な共同体をめざして、独裁そのものを否定してゆくものである。プロレタリア独裁は全人民に社会主義建設への見通しを与えるばかりでなく、労働の解放のための不可欠の挺子であり、一たんそれが確立されるや、直ちに自己の死滅を準備し始める新しい型の国家である。われわれはその全特質を社会主義デモクラシイと名づけ、それをプロレタリア独裁の概念に結合するのである。

　低い技術的基礎のもとでは、プロレタリア革命による所有関係の変化は、直ちに労働の解放をもたらすことはできない。農村ではやつと資本主義的な商品経済が一般化したばかりである。資本主義的要素の復活と闘いつつ、高度の技術水準を獲得するまで、長期にわたつてその独裁の機能を保ちつづける事は、至難の業である。中国において、避けられる以上の社会的不平等や、位階、勲章、特権等、支配のための安易な使い古された諸手段が、プロレタリア独裁の機能を消し去つていかないためには、国内生活のあらゆる面における広汎な民主主義が必要である。最近中国で毛沢東の演説を中心に行われている「人民内部の矛盾」についての論議を当然論評しなければならないが紙数がない。

　最後にマルクスの「フランスの内乱」からわずかな一節を引いた。願わくは各位自ら同書を繙れんことを――。

　「コンミユンの第一の布告は、常備軍を廃止し」「武装民兵」をおく事であつた。」コンミユンの議員は「選挙民に対して責任をおい、短期に解任されうるものであつた。」「コンミユンは議会のような団体ではなくて、同時に立法府であり行政府である一つの行動体たるべきものであつた。警察は」「中央政府の道具である事をやめ、直ちにその政治的性質を奪われ、責任ある、いつでも解任できるコンミユンの道具にかわつた。行政府のあらゆる部門の官吏も同様であつた。コンミユンの議員以下、公務をとるものは労働者の賃金だけをうけとらなければならなかつた。国家の高位高官者達の既得権や交際費は、高位高官者そのものと共に、姿を消した。」「司法官は、あの虚偽の独立性を剝奪され」「他の公僕と同じく治安判事も裁判官も、選挙され、責任あり、解任できるもの」とされた。「ひとたびコンミユン制度がパリ及び第二流の中心地に打立てられれば、古い中央集権的政府は、地方においても、生産者の自治政府に道をゆずらなければならなくなるだろう。」　時間がなかつたためにコンミユンがくわしく展開できなかつた、その全国的組織のざつとした見取図をみると、どんな小さな田舎の村でもコンミユンがその政治形態となるべきこと、また、農村地方では常備軍をやめてそのかわり服役期間のごく短い国民兵をおくべきことがはつきりのべられている。各郡内の農村コンミユンは、その中心都市における代表者会議で共通の事務を処理し、さらにこの郡の会議がパリの全国代議員会に代議員をおくることになつていた。その代議員はすべていつでも解任することができ、またその選挙民の拘束的委任命令（正式命令）に制約されることになつていた。それでも少数の、だが重要な機能がなお中央政府の手にのこる。故意にあやまりのべられているように、それ

（以下五頁下段へ）

来日エレンブルグについて

――その姿勢、その悲哀――

高瀬祥子

エレンブルグの著書を始めて読んだのは二年程前「雪どけ」だつた。

それまでに読んだいくつかのソヴエート小説は、ひどく遠いところの物語りに感じられた。私達と全く精神構造の異る人々が出てくるのだ。革命とは、こうも人を変えてしまうものかと思つた。

ソヴエートは、古典を重んじ、民話を大切に堀り起しているると聞く。事実、日本に紹介された映画の中には、郷愁をそゝられる素朴で純粋な愛情を歌い上げたものがある。古典や民話には、ソヴエート小説に登場する英雄達の性格と通じるものがある。私達には、郷愁としてしか見ることの出来ない主人公の言動が、ソヴエートの人たちには生き生き自分のものとして感じられるのかも知れない。

実際ソヴエートの人たちのひたむきな祖国愛には、恐怖を感じる程だつた。羨しくもあつた。現実を知つて、そこを突き抜けた素朴さは柔軟で強い。無知から来る素朴さは不安だ。私達は、後者の悲劇を身をもつて体験した。日本人の大多数の、ことに若者達は、疑いを知らない献身をした。目的を切り離して考えれば感動的な一面をもつたエネルギーだつた。私はこの種の献身には身震いを感じないでは居られなくなつている。――不安と痛ましさ――

だがソヴエートは社会主義国である。健全な社会だ。指導者や祖国――これは復雑な内容を持つているが、この場合今現に在る――政治を含めた生活全体――に対する絶対の信頼は当然なのだと考えようとした。

けれど、そのような一本調子の祖国愛で、自分と違う組織体に属する人々をゆすぶろうとしても無理だと思つた。共感出来るものを持つていないのだから。安易な陶酔を拒否するところが出発点なのだから。私達資本主義社会に住む者は、まして、ソヴエートの人々が自国の指導者を信頼するような調子で、各国の共産党を信頼せよ、と云つても全く無理な話だ。そんな素朴な精神構造で資本主義に抵抗してもひねりつぶされてしまう。

エレンブルグの小説は、他の小説と少々異つていた。ソヴエートでも腐敗した官僚主義が生活を侵そうとしていること、やつぱり女は真実の愛情を求めていること、世渡り上手でない画家が、人の心を打つ美しい画を創り、貧しく暮していること、ソヴエート社会の矛盾に触れている。だが、そのこと、の珍らしさに心ひかれたので、第一級の小説だとは思わなかつた。物足りないのだ。

私はエレンブルグの亡命時代の作品を知らない、彼についてては切れ切れの寄せ集め知識しか持つていない。だからエレンブルグを語つたり批判したりする資格はなく、敢えてそれを行おうとするのは思い上りというものであろう。

しかし、私はエレンブルグの来日にいろいろな期待を寄せ、心から嬉しがつていた一人だ。だから、いくつかの座談会を読んで感想を率直に書いてみる資格はあるのではないかと思う。

エレンブルグは、決して素朴な人ではないと思う。西欧の生活も、芸術も、その良さもよく知つている人である。公式的なソヴエート流でない目で、西欧文明の現実を良く知つているはずだ。がそれを突き抜けた素朴さはない。知つているだけに彼の祖国での立場は微妙なのではあるまいか。そして彼自身も悩み深いのではなかろうか。それを、そのまゝ出せないところに、雪どけの物足りなさがあるのではなかろうか。

エレンブルグを囲む座談会は、多くが、もやもやした空気に包まれている。文化交流というが、流れているものが無いのだ。私にはそれが非常に不満だつた。

美術家との座談会は、（芸術新汐）抄訳だが、彼の人柄やものの考え方が割に自由に出ていたと思う。専問外だし、比較的政治と直結していないので、のびのび語り合つたのかも知れない。一般に美術家は、文学者程敏感に政治へ直接の反応を示さない。作品そのものに対する目は鋭い。だが、革命前後に活溌だつた前衛美術家が圧しつぶされ、美術界が無気力で退屈なものになつてしまつたことに対して、政治問題として突込んだ質問はむけていない。

本郷新が「一九五三年、モスコーで偉い人たちのアトリエばかりに行つて、非常にうまいがおもしろくなかつた」

と云つたのに対し、

「五三年からは、全然変つた。変つた」

と答えている。

日本の美術家は、その政治的背景や、偉い人がつまらない、ことに対し矢をむけていない――抄訳だから、略したのかも知れないが――

岡本太郎は「進歩的な知識人は、どうしてもロシアにモデルを取りたがる。がどうひいき目に見てもロシアの画はわれわれをがつかりさせる。左翼的な画家達は正直に云つて迷つてどうしてよいか分らなかつた。それは非常に不幸なことでした」

と話しかけた。

「それは日本ばかりぢやなく、あらゆるところに不幸です。ロシア自身としても非常に不幸だ。だけどこれは数年ダメでしよう。もうしばらく待つてほしい」

とエレンブルグは云つた。

この言葉は印象的だつた。雪どけに出てくる画家は、決して溌剌とした人ではない。新しい画風で美術界に風を送りこもうとしている人ではない。それでも、芸術に対する愛情を失つていないから公式主義の出世主義者より美しいのだ。私は、それより、一層きびしい新しい画家達の誕生を心から期待したい。

群像の座談会は、後味悪さがいつまでも残るものだつた。いくつかをあげてみる。

ジイドのソヴエート紀行について荒正人は「あの中にある事実があつたのかなかつたのか、批判の仕方が悪かつたのか」と質問している。エレンブルグは、速記を中止して答えている。どうして中止しなければならないのだろう。彼は、米川正夫氏と、政治問題には触れないという約束をさせられているという。ソヴエート文学を、政治抜きで語れるだろうか。客として、訪問先の政治問題に触れないという気持は分る。又客として訪れた外国人に、祖国の弱点を喋らせようとするのは失礼この上ない。だが、お世辞を云い合つて芸術の交流が出来るだろうか。荒正人は、礼を失する程の質問を続けている。エレンブルグは、不器用に体をかわしている。私は、一生けんめいなのだが、どこか間抜けて聞える荒正人の質問——ジイドの戦時中の日記を知らない部分などに特に表はれていた——にも、エレンブルグの不器用そうでいて適確に的をはづす態度にもいら立たしさを感じた。

エレンブルグは「静かなドン」のスターリンに批判された部分が書き改められた事実を知らなかつたと云う。本当だろうか。スターリンが批判したということも知らないそうだ。ソヴエートの文学者は、スターリンの批判にそれ程無関心でいられたのだろうか。多くの粛清の犠牲者を出した文学界だ。無関心がエレンブルグを救つたのかも知れない。撥ねかえせば自分に降りかゝつてくる。権力に近づけばもつと堕ちていたゞろう。

原卓也が社会主義リアリズムについて熱心に質問した。

「この問題に対する自分の見解は既にさまざまな文章で公けにしている。これ以上附け加えるべきことはない。」

との答えに、失望した人は多いと思う。

「社会主義リアリズムは世界観である」

という見解を、いかにも日本人らしく、手を取り足を取るように直接説明して貰いたかつた人は多かつたのではあるまいか

そのような日本人的感覚が良いとは思はないが、何かべとべと

と他人の言葉にすがろうとする私達の甘さを反省させられた。

第二回作家大会の規定に対する解釈についても憶えていないと云う。彼は、そのような大会を全く無視して創作しているから忘れたのか、日本の良いにつけ、悪いにつけソヴエートのそのような大会、それに対する発言を過大に問題視し、忘れてしまう風汐に微く反撥し、自分の見解を生まに発表することをさけたのだろうか。

種々考えさせられる座談会だつた。がこの記録で、一番印象的だつたのは、粛清された作家についての質問の時、エレンブルグが正視しがたい悲しげな目で、

「つらいことです」

と云つたことだ。彼は、粛清について、一言もその正当性を弁護しなかつた。ソヴエート社会の、暗い、暗かつた面を認めその表情で悲しみを表はした。だが悲しみだけで済むものだろうか。

エレンブルグをむかえる日本人の態度は、あまりにも失礼だつた。自由な時間もない、無理なスケジュールを組んで老年の夫妻に休養も与えない有様だつたらしい。そして質問の浴せ通しだつた。私は、それを本当に申しわけのないことだつたと思つている。が公式的な紹介には満足出来ない、ソヴエートにも行くことも出来ない多くの人々が、エレンブルグの文学を信じて行つた猛烈さだつたのだと云いたい。一人良がりな面も、様々な反共宣伝に毒された部分もあるだろう。が地球上に社会主義国第一号として生まれたソヴエト連邦の文学者には、それに答えねばならないものを負はされているのではないかと思う。

エレンブルグは、終始暗い表情だつた。どの写真も寂しげだつた。そして予定より早く帰つてしまわれた。彼は自分の言葉を大切にする人だと云う。自分の言葉の、どの部分が滲み、どの部分が撥ねかえされたかは敏感に感じたと思う。ソヴエートのゆがみは、包囲されたところから生まれたと云う。彼は、人一倍そのゆがみを鋭く感じているであろう。私が、エレンブルグに不満を感じるのは期待しているからである。私は自分のこともよく考えたいと思つている。

附記。ソヴエートを批判することが客観的に平和をおびやかすなどというのは滑稽この上ない言葉だと思う。多くのゆがみにもかゝはらず、ソヴエートは社会主義国への歩みを続け、新しい良い世代が育ちゆがみを正して行くと信じている。

二十世紀マルクス主義の完結円

石垣ひこと

　十九世紀末から二十世紀初頭にかけて、資本主義はその存在形態を変え、独占段階へと移行していく。それに対応しつつ、労働者階級もその存在形態を転換し、ここに、労働運動は二つの部分　革命的な傾向と日和見的な傾向へと分裂していく。十九世紀における、一国的な枠内での分裂から国際的な分裂になっていく。レーニンはこれについて『最新社会主義の歴史でのユニークな現象』（二巻　集第二分冊9頁）と呼んだ、そして、帝国主義の時代の国際労働運動の分裂は、決して、偶然的な現象ではなく、資本主義が産業資本の段階から独占資本主義へと移行していったことに規定され、対応しており、したがつて、その分裂＝革命的な部分と、日和見主義的な部分とへの分裂は、この時代の必然性であると指摘した。

　この時、最も重要で、基本的な論争点は二十世紀に入つてからの資本主義をどう評価するか、であり、それに伴つて労働者階級を自己の階級的基盤とする諸政党の諸戦術はいかにあるべきか、であつた。ここが、諸潮流を二つに分ける中心点であつた。

　まず、修正主義。日和見主義的潮流のイデオローグとして、ベルンシュタインが登場する。ベルンシュタイン派――全ヨーロッパの――は、次のようにふるまう。貧困とプロレタリア化が増大し、資本主義の諸矛循が激化していることが否定され、終極目標の概念そのものが破産したと主張し、自由主義と社会主義とが原則的に対立することが否定される。このような主張が、国際的に強い潮流となつて出てくることは偶然ではなかつた――云いかえれば、ベルンシュタインが、「悪もの」であつたためではなかつた。

　それは、資本の集中と集積が飛躍的に進展し、資本がマンモス的存在となり、それの対立物としてのプロレタリアートがながいあいだの斗争の結実として、よく組織された政党と労働組合、普通選挙権をもつようになり、ステレオタイプとして体制内「解放」という意識を持つようになつたことにあつた。単純に、小ブルジョア思想の浸透、帝国主義の労働貴族の買収、では説明することはできない。

　資本が産業資本から独占資本へとその存在形態を転換してい

つた結果として、生活のなかに、その諸側面における新しい現象に注目し、それをまずとらえ、ステレオタイプとして「解放」意識を持つたプロレタリアートの一部に応えつつ、その感情のうえにのつて、ベルンシュタインは自分の思想を展開した。

　これに対し、はじめにはカウツキーが反論を加えだす。彼とそのグループは、ベルンシュタインに対して、マルクス主義の根本的原理を擁護し、斗いをいどみかけ、撃退しようとする。これが第二の潮流であつた。このあいだの斗争は、第一次世界戦争の開始まで続いた。その後、カウツキー主義は戦争、革命、反革命の激しい動乱のなかで、日和見主義へと転落していく。そのことは、単にカウツキーの思想に、マルクス主義からの偏向があつたことにあるだけではなく、カウツキーが新しい条件と情勢をただしく理解することができず、ベルシュタイン一派に対する斗争も、ただ、彼の保守的な、感情と生活態度からであつた　そのことであつた。だから、口先では、革命のおごそかな宣言、行動では云いのがれ、動揺、日和見主義ということになつたのであり、そのためにベルンシュタインのたどつた道をあとから歩んだのであつた。かくして、第二インタナショナルは崩壊する。

　このなかで、帝国主義戦争に反対する国際主義的革命的流派が、ツインメンワルド派として結集され、そのなかでも最もよく組織されていたロシアのボルシエヴイキが、戦後の革命的諸派のモデルとなり、コミンテルンが結成されていく。そして、戦后の世界においては、すでに単一のインタナショナルはなく、労働運動は、組織的にも分裂した。

　この分裂のなかで、レーニンとボリシエヴイキは、第三の思想的潮流としてのボリシエヴイズムは、どのような態度をとり、どのように自分を形成したのだろうか。

　レーニン主義＝ボリシエヴイズムは、新しい条件と情勢を説明するのに、《独占》という実体概念を媒介としつつ、現象論的なベルンシュタイン主義を克服し、マルクス主義を転換させ、その上にたつてカウツキー主義を批判し、そして自分を形成したのであつた。レーニンの思想形成をその単純化をおそれずに図式化してみれば《独占》――《帝国主義》――《資本主義の不均等発展》――《最も弱り環》――《党の理論》である。ただ、このようにして、はじめて、認識論的に云えば、現象論的であるベルンシュタインを克服しえたのであり、新しい情勢のなかで、力強く、有効でありえたのだつた。

　《独占》という概念を転回軸としつつ、帝国主義段階における世界資本主義の実体構造が《不均等発展》として把えられ、革命的実践的立場から《最も弱い環》が現実のなかからつかみとられつつ、《党の理論》へと飛躍する。もちろん、これは歴史的にそれをおつたのではなく、一つの思想体系として考えてみた場合である。レーニンは、その時々、必要に応じて、いやせまられて書きあげていつたのだつた。

このようにして、「帝国主義とプロレタリア革命との時代のマルクス主義」として、「一般的にはプロレタリア革命の理論と戦術」「特殊的にはプロレタリア独裁の理論と戦術」として、全連関のなかにおいて見るとき、二十世紀マルクス主義の実体論的段階として、認識論的には、世界共産主義運動の技術理論として確立する。

× × ×

二十世紀マルクス主義の実体論的段階としてのボリシエヴイズムは、みずからを止揚し、実体論的段階から本質論的段階へと高める契機を内在して持つている。しかし、革命について語ることよりも、革命をすることが有益であり、好ましいと考えていた。レーニンは詳細に自己の思想を展開しなかつたし、またそうするだけの時間も持たなかつた。そしてレーニン死後、この諸契機は忘れられることが多かつた。レーニンの残した巨大な遺産を、真剣に学ぶばかりでなく、正しく学びとり、レーニンを乗りこえ、克服しようとするかわり、レーニンをかつぎあげ、死んだものにしてしまうのが多くなつた。レーニンが、理論と思想の分野で手をつけなかつた、あるいは手をつけても十分に発展させえなかつた問題をとりあげ、研究することはすくなかつた。レーニンの著書は《教典》になつてしまつた。スターリンの時代になると、その姿を変えていく。スターリンは、このボリシエヴイズムの実体論的特徴を一直線にひきのばし、そのために生じた困難を機能主義的に、現象論的に解決し、克服しようとする。スターリンにあつては、特に国家論において、機能主義的な説明と理解が前面に押し出されてくる。そして、この場合、これをビザンチウム的後進性と、モラリズムとが彩どつた。こうして、スターリンもまた独立したサイクルを形成し、自己を完結する。

しかし、二十世紀マルクス主義は、みずからのサイクルを完結していない。それは、いくつかの完結した小円をもつてはいるが、しかし、それ自身としては完結していない。これから完結しようとしているのである。

第2号

◉1957年11月1日発行

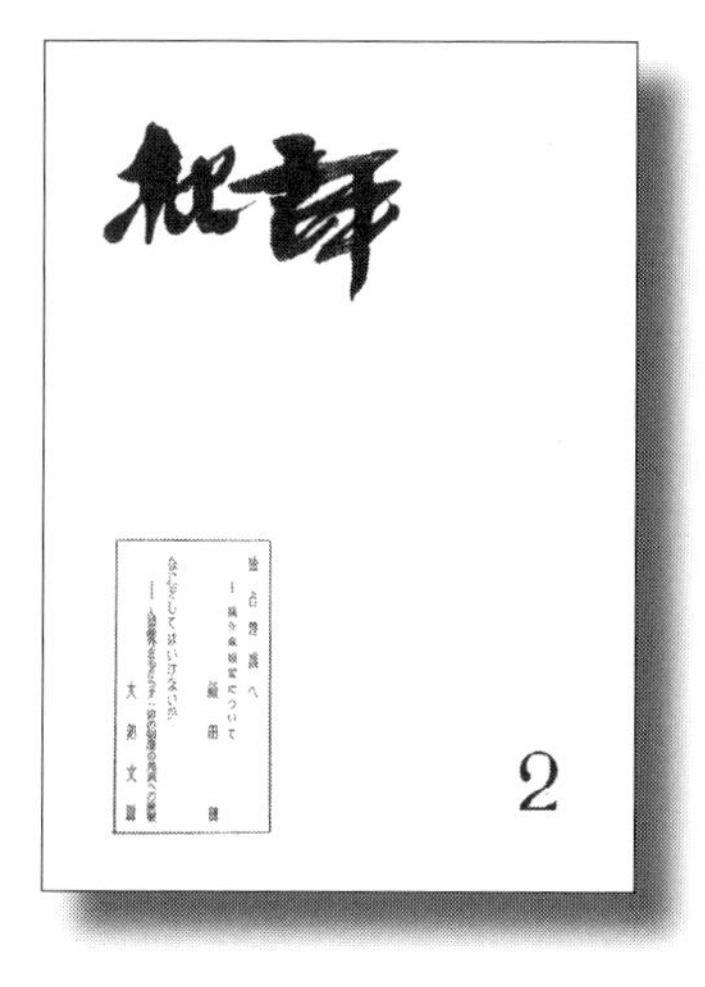

批評とはなにか

批評とはなにか。「統一された」と称しながら、実は生命あるものすべてへの恐怖によつて、成長することを自らやめた徒党には、批評の精神は理解しえない。彼らの渇望し、また執着するのは権力であり、権威である。彼らが権力を手に入れ、また守るのは、偽善と二枚舌、そして密告と暴力沙汰、結局のところは無智なる野蛮あるいは野蛮なる無智という、彼らに全くふさわしい方法によつてである。このような徒党に対しては、ただ軽蔑のみがふさわしい。だが、ある徒党に他の徒党をかえたところで同じである。彼らは論破されるだけではなく、打ち砕られなければならない。批評は本質的に批評であり、批評は自己目的としてではなく、ただ手段としてのみふるまうであろう。その本質的なパトスは憤激であり、その本質的な仕事は告発である。人間を人間以下の水準に落しめている一切のものへの憤激が、明日へ向つて批評をおし進める。批評のよつて立つ基準は、今日ではありえず、まして昨日でありえない。それはただ明日のみである。明日はすでに過去となつたこの今日を告発し、権力への渇望と執着にかわつて、生きた。血のかよつた人間を置くだろう。批評の基準は人間そのものであり、昨日と今日にかわる人間たちの明日であり、明日を準備せざるもの、明日を恐れ、さまたげるもの一切への告発である。未来への深い洞察と認識を恐怖し、猜疑と中傷と恥知らずの攻撃、そして無智によつて武装されている序列をつくる一切の試みとは、批評はなんらあいいれない。批評とは批評であり、批判はそのような試みのどんな萌芽とも、絶対にあいいれないからである。批判に認識がなく、ただ序列のみがあるとすれば、いな、その序列がたとえわずかでも現われたとするならば、批判は批判たることを自らやめて、必ず死に至るであろう。批評の基準は真摯なものであり、厳格なものでなければならない。だが、それは固定することをなんら知らない。なぜならば、人間の認識は固定したものではなく、限りなく明日への志向を示さざるをえないからであり、常に開かれたものであるからである。明日を志向するかぎり、認識は固定されえない。認識が固定するとき、それは無認識の端初であり、やがて権威によつて飾りたてられ、権力によつて護られた、人間を重在する序列へと転ぜざるをえないだろう。批評の基準は、 愚劣な徒党的精神からの自己解放、そしてその一切の芽生えに対する呵責ない批判によつて、確固としたものとされるだろう。ただ、そのかぎりにおいてのみ、批評は明日を準備しうるであろう。

（五七年十月　石垣）

〝独占理論へ〟

媒介点設定について

飯田　謙

マルクスは『経済学批判』の序言で次の如き有名な命題を提起した。

「社会の物質的生産力は、その発展のある段階で、その生産力が従来その内部ではたらいてきた現存の生産関係と、あるいは同じことの法律的表現にすぎないが、所有関係と、矛盾するようになる。これらの関係は、生産力の発展のための形態からその桎梏にかわる。」

これは、生産関係は、生産力の性格に必ず照応するという社会発展の経済的基本命題として、あまねく人の知るところである。

さらに、

「資本主義社会の矛盾にみちた運動は、実践的なブルジョアにとっては、近代的産業が通過する週期的循環の浮沈において最も痛切に感ぜられるのであつて、この浮沈の頂点は——一般的恐慌である。」（資本論第二版への後書き）

というとき、資本主義的生産様式において、一般的恐慌は、生産力と生産関係の矛盾の集中的表現、なかんづく、生産力発展の破綻を表現するものである。これまた、有名かつ、あまりに重要な命題である。

ところで、なぜこれら基本的命題をこゝにあらためて引用したのか。それは、わたくしの頭に次のような問題意識がひそむからにほかならぬ。

その一。例のスターリンが彼の著書「資本主義の経済的諸問題」のなかでのべた、資本主義諸国の「生産量は絶対的に縮少する」という命題の一九五六年破綻。それに対置されたレーニンの「しかも全体としては、資本主義は以前とは比較にならぬほど急速に発展する」（帝国主義論）とのべた命題の原理論的究明。

その二。前者の問題意識から当然でてくるのであるが、そして、これこそ究極の目標でもあるが、資本主義的生産様式の止揚という展望の科学的論証。

その三。今日の資本主義国の中で、なかんずく高度に発展してる資本主義諸国において資本主義擁護の理論として提起されてる『新資本主義論』との理論的対決。

これら三点からの問題要請は、実は、現代資本主義の基本法則の解明というところに帰着すべき性格を有している。特に、原理論体係の設定として。

しかし、こゝでは、以上のような問題意識を前提として、「生産力の発展と生産関係の矛盾」にかんする粗雑な問題提起にとゞまらざるをえない。

最近、我が国の経済企画庁は、「経済白書」を刊行した。その理論的内容をめぐつて、種々の立場から、批判ならびに反批判がおこなわれている。これらの討論は、これまでにみなかつたほどの大きな規模で展開されており、その意義は決して小さくはない。

しかし、こゝでわたくしが問題としようとするのは、「白書」の分析に対して、批判をしているマルクス経済学の側の方法論に関する問題である。

二つの例をあげよう。「経済評論」9月号〝時評〟のM・I・F氏は云う。

「〃白書〃は毎年の日本経済の推移を景気の側面というか、いわば上つらでのみとらえているにすぎないのではないが……独占下の日本経済をこのように自然史的過程として分析することは、筆者によれば、およそ経済学に反するものであり、せいぜいのところ経済知識をもつてする分析にすぎないといつている。」

堀江正規氏達の編集する「日本経済四季報」第十八集は、〃基本動向〃の編で、「〃白書〃は最近の日本独占の政策を景気調整という見地からのみ判断し、経済的発展を単に自然的過程として説明し、それによつて総合政策を必然化しようとしている。」と述べている。

この二つの引用からこの筆者達は経済学は、このような自然的過程＝生産力面だけを論じても無意味であり、むしろ生産関係の究明こそが必要だといつて、自然史的発展の拡大の問題を疎外する。そしてつとに生産関係の問題へと移行する。国家資本の動因が生産拡大の起動力としての役割の分析へ。

だがまて、これはおかしい。最初に引用したマルクスの考えは、生産関係――基本的には資本と労働の敵対関係――がその生産力の発展に照応しないということは、生産力発展の破綻という現実的表現をとつてはじめて意味をもつ、ということではなかつたか。それが、こゝでは、生産力の面の発展があつても、それは、生産関係すなわち、国家独占資本主義という生産関係のもとでの資本の政策の結果であり、そのことは矛盾の一層の発展、激化しか意味しないというとき、論理の自己矛盾におちいつているといえるであろう。

そこで、われわれは、一般に生産の拡大がおこなわれたという場合、二つの意味を区別しなければならない。第一に、景気の上昇局面に展開するところの生産の拡大と、第二に、景気変動を平均化して、長期の発展過程になされたそれとを。

前者の解明は、実は、冒頭で引用したとおり、マルクスの問題意識にそうものであり、それ自体、恐慌論の問題として提起される。そこで確認しておくべきは、恐慌の問題は、歴史的にも論理的にも、「独占」の論理として、理解しなければならないという理論上の「位置設定」の問題である。

さらに第二の点、長期的平均的な生産力の発展について。これこそ、レーニンの「しかも以前とは比較にならぬほど発展する」という命題と、生産力破綻の論理とどうつながるか、というあらたな問題意識に照応する。

これが、実は、先に問題の要請の三つの点としてあげたところに、ひつかかつてくる媒介点となるのである。

では、その媒介点の理論上の位置はいかなるところに定在するか。わたくしは、それを、「全般的危機の段階」に照応する問題として設定しようと思う。というのは、対社会主義諸国の生産力発展と、資本主義のそれとを対置することによつて、後者の生産力破綻がより生産の高度の段階において現実化するということからである。しかし、真の問題は、両者の対比にあるのではない。そうではなくて、それが、資本主義生産そのものの内部にひそむ基本法則の析出というかたちでおこなわれねばならぬ。そういう問題意識のもとに、わたくしは「生産力発展の法則と現代資本主義」という予定の論稿でそれをはたしたいと思つている。

以上。現代の資本主義のものが、経済的問題として提起している諸側面の、特に進歩的側面について、問題の提起とその位置設定をおゝざつぱに試みた。

一九五七・九・十五

（「批評」才四号に約百枚で、この問題を論述する予定）

何をしてはいけないか

——人間疎外をもたらす一切の制度の死滅への展望

大池文雄

一、コンミユンについて

私が未来に思ひえがく革命は、制度が人間を支配するのでなしに、人間が制度を支配することによつて、人間の疎外をもたらす一切の制度を死滅させてしまう最後の制度を打ち立てるであろう。

過去の人類史上のすべての革命は、生産力の桎梏となるに至つた生産関係を破砕し、新しい生産力の発展に適応する生産関係を生みだしたことにおいて、ただそのことにおいてのみ革命と呼ばれうるものであつた。しかしこれまでのすべての革命は、新しい制度を生みだしはしたが、制度が人間に対する支配の道具であることを遂にやめることはなかつた。

一八七一年七月のフランスの内乱は、パリにコンミユンと呼ばれる全く新しい政治形態を生みだした。労働の経済的解放を達成しうる創遺的諸徴候、先駆的諸要素がその中に含まれていた。

コンミユンとは何か。

コンミユンの本質は、その抑圧的な性格において特徴づけられるべきでなく、その無限の進展性において、既存及び現存のすべての国家と区別されるべきものである。

従来、コンミユンとはプロレタリアート独裁の政治形態であると理解されてきた。レーニンの著作にはふんだんにこの種の概念の混同がみられた。「独裁とは直接に暴力に依拠しながら、どんな法律にも束縛されない権力のことである」（レーニン「背教者カウツキー」世紀書房版一〇頁）とレーニンは言い、「みずから社会主義、マルクス主義者と称しながら、実際には、主要な問題、すなわちコンミユン型の国家の問題については、ブルジョアジーの方へ移行している人間」「コンミユン型の国家の問題を一度も究明しようとこころみなかつた」（同前六八頁）人間たちを厳しく攻撃した。

社会主義革命は、体制としての資本主義の危機の産物である。すでに国民を支配する能力を失つたブルジョアジーに対するプロレタリアートの闘争が極点に達し、プロレタリアートが武器をとつて、武装権力を掌中におさめ、力によつて収奪者を収奪し、全抑圧機構を破壊することである。しかし、それが社会主義革命であるためには、プロレタリアートの勝利とは、とりもなおさず一つの制度の他の制度に対する勝利であつて、その制度は階級支配そのものをも止揚する共和国への希望を、制度自体に現実的に転化表現していなければならない。その制度は、もつぱら階級支配の道具として、抑圧的な面において特徴づけられてきた従来の国家形態に対して、もはや国家と呼ばれるべきものではない。それはいぜんとして、旧支配制度の息の根を止めるために、プロレタリアートがそこに依拠しなければならず、国民的統一がなお過渡的な意味をもつている時期には、それはやはり半ば国家ではあるが、もはや在来の国家という言葉をあてはめることはできない。それはその制度のもつ本質的な能力によつて自分自身を死滅させずにはおかない、無限の進展性によつて特徴づけられるものであつて、コンミユン（共同体）

又は半国家と呼ばるべきものである。

コンミユンとはいかなる制度であるか？——それはマルクスとエンゲルス達によつて最初の理論化が行われたのであるが——。

立ちあがつたプロレタリアートは、ふるい政府の物質的な力である常備軍と警察を一掃し、ついですべての銀行、鉄道、通信施設、大企業からブルジョアジーを追放し、古い制度を自分の制度とかえねばならない。

コンミユンは常備軍を廃止し、武装民衆を配置する。警察も、これまでのように中央政府の道具であることをやめ、ただちにその政治的性質を奪われ、責任ある、いつでも解任できるコンミユンの道具となる。司法官は虚偽の独立を奪われ、検事も裁判官も、選挙され、責任あり、解任されるものとなる。銀行は没収され、鉄道、港湾、空港、通信施設、鉱山、工場、土地等労働手段はすべてコンミユンの所有に移される。

コンミユンは普通選挙によつて選出された議員から成り立ち、選挙民に対して責任を負い、短期に解任されるものである。大都市—大工業中心地においては、いきおい、その議員の大部分は労働者、または労働者階級の承認した代表者となる。コンミユンは、議会のような団体ではなく、同時に行政府であり立法府である一つの行動体たるべきものである。

行政府のその他のあらゆる部門の官吏も警察官同様、責任ある、いつでも解任できるものとなる。

コンミユンの議員以下、公務をとるものは労働者の賃金だけをうけとらなければならない。

国家の高位高官者たちの既得権（位階、勲章等一切の特権を含む）や交際費は、高位高官者そのものとともに姿をけしてしまう。公職は中央政府の手先の私有財産ではなくなる。すべての住民が立法官になり行政官になることによつて、やがて、政治が社会生活の特殊な領域であることをやめて、全住民の生活に同化してしまう過程が始る。

ふるい中央集権的な政府は、地方においても生産者の自治政府に道をゆずらねばならない。どんな片田舎でもコンミユンがその政治形態となり、軍隊、政治警察、官僚制度をうちたおさねばならない。

中央集権的な抑圧がたちきられたならば、真の国民的統一が可能となるであろう。国のすみずみにまでうちたてられたコンミユンは、大都会のコンミユンの知的指導のもとにおかれ、過渡期の国民的統一が達成される。

以上が、マルクスが「フランスの内乱」で描写したものをもととした私のスケッチである。

ここで一つ問題を出すのだが、それは、レーニンがコンミユンを支持しながらも、コンミユンの概念をプロレタリアート独裁という概念によつて全く置きかえてしまつていることである。独裁とは社会に対してますます排他的に聳え立つ階級的抑圧の制度を指すのであつて、コンミユンは、その成立の当初から抑圧的な性格——収奪者を収奪し、旧制度の復活の試みを抑えつける階級的暴力——を消滅させていく能力をもつている点が、これまでのあらゆる階級支配と全く異るわけである。いいかえるならば、レーニンにあつてはプロレタリア独裁を認めるか認めないかが革命家であるかどうかの別れ目なのであるが、独裁が独裁である限りは、必ず行政権力の相対的強化と、社会からの遊離に導くのであつて、コンミユンとは相いれない。革命の際、労働者階級が、自分を支配階級に高めるに当つて、コンミユンの原理にのつとつて、自分の制度を作りあげない限り、支配と服従をやがて死滅させる自己運動を行う制度ではなくて、支配せんがための制度――つまり独裁――に変っていくほかないのである。

革命にあたつて、あるいは市民戦にあたつて――といつてもよい――労働者階級は政権を掌中に握るためには、打ち倒された支配階級の抵抗を力によつて抑圧しなければならないが、その場合労働者階級の政治力の一さいの源泉はコンミユン制度にあるということである。

ロシヤでは一九〇五年以来、労働者階級の手のうちで試されてきたソヴエト（労働者評議会）は、一九一七年の二月革命以後、「すべての権力をソヴエトへ」のレーニンのスローガンに表現されたように、コンミユン的なもの、つまりコンミユンの特徴を萌芽的にもつている制度に発展したのであつた。

コンミユンは、旧制度の打ちかち難い桎梏の中で、労働者階級によつて、斗争の中で、長い年月をかけてたえず試され、たえず消長をとげながら、経験として蓄積されていく。同時に、前衛によつてたえず労働者階級のそれらの経験に意義と方向が与えられていくのであるが、危機の瞬間に武器をもつて立つた全労働者階級を包みこむ制度に転化し、国の政治と経済、国民生活のすべてを組みこみ、制度の自己運動――国家の死滅――の中へ融合させてしまうのである。

レーニンは「国家と革命」、「背教者カウツキー」において、コンミユン型の国家を擁護しているが、労働者階級が自分の権力を維持するためには、国家死滅の自己運動を保証しているコンミユン制度を確立しなければならず、そうでなければ、旧ブルジョア制度の復活の危険ばかりでなく、プロレタリア独裁の行政権力がついには労働者階級を上から支配してしまう危険をおかすことになることに気づかなかつた。コンミユンの本質の中にこそ史的唯物論の弁証法の真髄があるのに――。スターリンはまさに後者の危険の有能で戦斗的な推進者として、行政権力のすべてを自分の手のうちに握つてしまつた。彼は革命で地ならしされた上に、財産の国有型態と中央集権的行政権力を足場に、労働者階級に対す支配者になつていつた官僚の代表選手にほかならなかつたのである。後進国ロシヤの上に驚くべきテンポで築きあげられた物質的財貨がスターリンの栄光をいやが上にも輝かせた。そしてスターリンが不可侵のものとして君臨した第三インターナショナルは社会主義の理念、コンミユンの理念を、プロレタリアート独裁の硬直した教条におきかえてしまつた。そしてプロレタリア独裁とは政治心理的には党の独裁を意味した。社会主義は忘れ去られ、権力意識が前衛の組織にしつかりと根をおろし、それを腐蝕しつくしてしまつたのである。

エンゲルスはパリ・コンミユンについての叙述の中でこう言つている。

「コンミユンはそもそものはじめからつぎのことをみとめなければならなかつた。すなわち、労働者階級はいつたん政権を獲得したならば、ふるい国家機関ではやつてゆけないということ、またこの労働者階級は、ようやく獲得したばかりのそれ自身の政権をうしないたくないならば、一方ではこれまで彼ら自身をおさえるために利用しつくされてきたいつさいのふるい抑圧機構をとりのぞかなければならないし、しかし他方では彼ら自身の代議員や役人をいささかの例外もなくいつでも解任しうるものと宣言して、それらにたいして身をまもらなければならないということである。これまでの国家の特質はなんであつたか？　社会は、その共同の利益を処理するために、はじめは簡単な分業により社会自身の機関をつくりだした。ところが国家権力（ゲワルト）をその頂点とするこの機関は時がたつにつれ、その機関自身の特殊利益に奉仕するようになり、社会につかえる下男から社会を支配する主人にかわってきた。」（エンゲルス『フランスの内乱』第三版への序文＝大月書房版ＭＬ選集第十一巻三八四頁）

「国家と国家機関とが社会につかえる下男から社会を支配する主人にかわるというのは、これまでのいずれの国家でもさけられないことであった。この変化をふせぐためにコンミュン（パリ、コンミュン＝筆者）は二つのたしかな手段をもちいた。まず第一に、行政、司法、教育などのすべての地位につくものを、関係者の一般投票による選挙できめることにし、しかもまたその関係者によっていつでも解任できるようにした。第二に、地位の高低をとわず、どんな勤務にも他の労働者なみの賃金しかはらわぬことにした。一般に支払われた最高の給料は六千フランであった。これがため、なおそのうえに各団体は自分の代表者に拘束的な委任状をつけくわえたが、それがなくとも猟官運動や立身出世主義はしっかりと阻止されてしまった。

　コンミュンがこうしてこれまでの国家権力を破壊し、それをあたらしいほんとうに民主主義的なそれとおきかえたしだいは『内乱』の第三章にくわしくのべてある。けれどもここで、その二三の特徴について簡単にもう一度、説明しておくことが必要であった。というのは、まさにドイツでは国家への迷信が、哲学からはじまってブルジョアジーの、いや多くの労働者のふつうの意識にさえもひろがっているからである。哲学的な考えかたにしたがえば、国家は「理念の実現」したもの」であるか、または哲学的なものに翻訳された地上の神の国、永遠の真理と正義とが自己を実現しあるいは実現するはずの領域である。このことからして、国家と国家に関連するすべてのものとにたいする迷信的崇拝ということがおこってくる。（筆者註１）しかもひとは子供のときから、社会全体に共通の仕事や利益はこれまでのようなしかたで、つまり国家と国家の高官とによるほかは管理できないと考えるようにならされているから（筆者註２）、いっそうこうした迷信的崇拝が生じやすいのである。世襲王国にたいする信仰から解放されて、民主主義共和国のただしさを確信するようにでもなれば、それだけでまったくたいした大胆な一歩をすすめたように思っている。けれども実際は、国家は一階級が他階級を抑圧するための機関にほかならず、そのことは民主主義共和国においても王国においてもすこしもかわりない。いくらうまくいっても国家は一つのわざわいである。このわざわいは階級支配をめぐる闘争で勝利をえたプロレタリアートにもひきつがれるだろう。彼らはこのわざわいの最悪の面を、コンミュンとまったくおなじように、すぐさまできるだけきりとらざるをえないだろう。そしてついにあたらしい自由な社会状態で成長した世代が、国家のがらくたをすっかりかたずけてしまうであろう。

　社会民主党の俗物はちかごろまた、「プロレタリアート独裁」ということばをきいてたわいもない恐怖におちいっている。よし、諸君、この独裁がどんなものかしりたいか？　パリ・コンミュンをよくみたまえ。それがプロレタリアートの独裁であったのだ。

（筆者註１）ソ同盟を社会主義国だと頑固に信じている人々は、それが強くかつ大なる国家であること、生産手段を国有化していること等々の雑ばくな概念を混合した信仰感情の虜になっている。

（筆者註２）わが国の政党の最左翼、プロレタリアートの前衛を自称するわが日本共産党の組織は、高位高官者達がすべての行動と思考の規範を上から示す、中央集権的な抑圧的な権力と本質的に似通つている。党の高位高官者達はおのれが獲得しようとしている（渇望している）国家権力の姿に似せて党を作りあげている。

レーニンはその著書「国家と革命」「背教者カウツキー」において、プロレタリア革命の打ち立てるべき制度としてコンミュン型の国家を口を極めて擁護した。

「マルクスは」一八七一年のフランスの内乱における「革命的大衆運動のうちに、たとえそれが目的を達しなかつたにしても、絶大な意義のある歴史的企図を、プロレタリア世界革命の前進への確実な一歩を、数百の綱領や考察よりもずつと重要な実践的一歩を、見てとつたのである。」（レーニン「国家と革命」第三章の一）

そしてレーニンはマルクスの定義を繰返して、革命においてプロレタリアートは「『既成の国家機関』を打ちたおし粉砕せねばならず、単にその掌握にとどまつていてはならない」と述べた。そして、プロレタリアートは常備軍、政治警察、官僚制度を打破したならば、自分を支配階級として組織することによつて、民主主義を闘いとることによつて、既成の国家機関におきかえねばならない。レーニンの考えをのべると、支配階級として組織されたプロレタリアートの組織はコンミュンでなければならず、要約すれば一、普通選挙によつて選ばれ、責任あり、いつでも解任される議員によつて構成される同時に立法府であり、行政府である一つの行動団体。二、公務にたずさわるものは選挙され、有責で、随時に解任され、同時にその俸給が労働者賃金並であり、すべての特権、交際費は廃止され、三、常備軍、政治警察のかわりに、完全にコンミュンの附属物となる武装した民衆を置く、等、マルクスの考えを支持している。

しかし、レーニンが支配階級としてプロレタリアートの組織は中央集権的でなければならないと言い、「マルクスは中央集権主義者である」「国家に対する小ブルジョア的『迷信』で一杯になつている人たちだけが、ブルジョア的機構の絶滅を中央集権制の絶滅だと考えることができるのだ！」（前掲書七〇頁）という時、ひどくまちがつている。

マルクスはこう言つているのである。「それでも少数の、だが重要な機能がなお中央政府の手にのこる。故意に誤りのべられているように、それらの機能は廃止されるのではない。コンミュンの、したがつて責任を厳重にとる諸機関によつて処理されるはずになつていたのである。国民の統一は破壊されるべきものではなく、反対に、コンミュン制によつて組織されるべきものであつた。そして国家権力――それは国民そのものから独立し、国民そのものに優越して、国民の統一を体現したものと称してはいるが、国民そのものからすれば、一つの寄生した不用物にすぎない――を破壊することによつて、国民の統一は実現されるべきものであつた。ふるい統治権力のもつぱら抑圧的な諸機関はたちきつてしまうべきであつたが、他方、その正当な機能は、社会そのものより優越している権利をうばつたもの、からこれをもぎとつて社会の責任ある機関の手にもどすべきであつた」（「フランスの内乱」三、大月版ML選集第十一巻三三〇頁）

近代国家組織が革命によつて解体した後には、自由な小国家の連邦制を生みだすべきだと考えたブルードンや、ベルンシュタインに反対して、レーニンは「マルクスは中央集権主義者である。そしてここに引用した彼（マルクス）の説明には、中央集権制からそれているところは少しもない」（「国家と革命」前掲七〇頁）と言う。そして「国家と革命」で右のマルクスの言葉を引いている。

しかし、　マルクスの右の考えはマルクス自身によって充分展開されていない。社会主義革命後の過渡期の経済過程及び政治過程が、必然的に各国民の高度の国民的統一をもたらし、従属諸国、植民地諸民族の国家的分離と独立をうながし、そのことが諸国民と諸民族の接近と融合の前提条件となるのであるが、マルクスは自分の考えを世界革命の展望と結びつけなかったために、レーニンによって、中央集権主義というレッテルをはられてしまったのである。

マルクスとエンゲルスは一八七三年頃から無政府主義と激しくたたかった。彼らは、非実際的で勝つ見込みのない無政府主義者の空想的な非権力主義に反対して、しばしば、階級闘争の中央集権的な指導、中央集権的な組織を擁護した。例えばバクーニン主義者達はこう主張した。一、政治、への不参加、まして選挙への不参加、二、無政府、つまり国家の廃止、三、労働者はプロレタリアートの即時完全な解放を目的としないような革命にはけっして参加してはならぬ、四、革命政府は労働者階級にたいするあらたな偽瞞であり、あらたな裏切りにすぎない、等々。彼らは国際労働者協会の分派（同盟派）であるが、スペイン革命において、これらの綱領はことごとく破産してしまった。一、革命の進展はいやおうなしに彼らをまきこんだが、統一した労働者の代表を選挙戦に立候補させず、ブルジョア的共和主義者（非妥協派）に追随した。二、地方自治体に小数の議員を送りこんだ彼らは分散した、各自治体毎の、てんでんばらばらの自治に没頭したため、反革命軍にたちまち席巻され、壊滅してしまった。「一言でいえば、スペインのバクーニン主義者は、吾々に、いかに革命をおこしてはならないかということの比類なき手本をあたえてくれた」（エンゲルス「バクーニン主義者の活動」大月版ML選集第十三巻、参照）

マルクスは「労働者階級の政治闘争の革命的形態」として「ブルジョアジー独裁のかわりに彼ら自身の革命的独裁をもって」すること「彼らは、武器をすて国家を廃止することのかわりに、国家に革命的な過渡的な形態をあたえる」ことを主張している（「政治的無関心主義」ML選集第十三巻二頁）。

私が問題とするのは、中央集権的な国家制度の抵抗に対して、労働者階級は中央集権的な規律をもって闘わねばならないとすれば、自分の規律を革命的独裁にまで高めた時（革命の勝利）、どのようにして中央集権的規律をコンミュン的組織（規律）に転化させうるか、ということである。一八七〇年代にスペインのバクーニン主義者やスイスのジェラ派のような理念が破産をまぬかれず、階級闘争を多少とも意識的に指導するためには中央集権主義に多かれ少かれ頼らざるをえなかったとしても、逆に、中央集権的な規律さえあれば、勝利した労働者階級は、それぞれの歴史的条件（限定性）をとびこえて、国家に革命的な過渡的な形態をあたえることが可能かどうか、ということである。

ロシヤの十月革命後の、国家と政府党（ボルシエヴイキ）の中央集権は、ソヴエトの民主主義と相いれることができず、急速に、ソヴエトのコンミュン的性格をおし殺し、労働者階級から独立した国家権力に生長してしまった。十月革命はロシヤの国家的経済的独立と、新たな生産力発展の刺戟を生みだしたのであるが、それはロシヤ労働者階級とその権力の国際的孤立（主な側面を言っているのであるが）、農業国＝非工業国＝農奴制の極めて広汎な残りもの、低文化という歴史的条件をとびこえて、コンミユン制度を確立することはできなかつたし、逆に中央集権的な生産の組織を基礎とした中央集権的な抑圧的な国家機構の生長こそ必然的であつた。

ロシヤにおいて、またここ数年間中国においても、マルクスやエンゲルスが予想もできなかつた史上新しい国家制度、新しい階級的国家が発生し、また生長しつつある。他方資本主義制度は、第二次大戦后も、なお、その内部の、発展力を失つていないことを示した。死滅し下降しつつあり、慢性的不況にさらされつゞける資本主義、という概念は、実際といかにもかけはなれた願望であることが現実に示された。アメリカは、いまだ技術の進歩と、生産力の増大へのたえざる内部的刺戟を持ちつづけている。二つの世界市場にともなう二つの世界体制、その間にあつてA・A諸国の独立とあるていど独自の経済的発展、これらの状況の中で、労働者階級の存在形態は、組織的にも文化的にも、また量的にも質的にも成長しているし、もつと正確にいえば成長する前提と契機を含んでいる。

私は規律そのものを排撃しはしない。生産の組織そのものが労働者階級を一定の規律のもとに習慣づける。しかし、技術の進歩の結果、労働者を流れ作業の単純労働の繰返しのもとで、精神的活動を鈍磨させられている現状が、オートメーションの広汎な採用の過程で、序々に打破されはじめ、精神的活動（管理、設計、構成）のもとに、生産の工程を支配する状態が発生してきている。エンゲルスは「権威原理」に挑戦する無政府主義者に対して、例えば鉄道はいやおうなしに、機関士をダイヤの権威に服従せしめるという近代の生産の特徴をのべて、批判している。だが、近代生産のもとでの技術の一層の進歩は、今度はたえず「権威」の限界を突破すること、労働者が生産工程に組みこまれる量に比して、生産工程を労働者が組みこみはじめる量の増大をもたらす。

私が想定する、未来の世界革命の断続的継起の中では、コンミユンが唯一つの労働者階級の過渡的制度とならなければならないが、それまでに、労働者階級は、コンミユンを可能とする政治的、組織的前提を、自分たちの階級闘争の形態の中に、しだいにもちこみ、作りあげているであろう。（註）

（註）私はこの論文でおそらく修正主義者のレッテルを頂題するにちがいない。しかし、科学の進歩と歴史の現代的状況は、以前よりも比較にならずに、未来への展望を可能にしている。十九世紀にはあわれな空想であつた無政府主義者の問題意識も、飛躍的な技術と文化の水準のもとでの革命の展望の中へ、発展的に組みこむことを可能にしているのではないだろうか。修正ということについていえば、修正は進歩の一現象であるといえば足りる。修悪ないし教条主義は、反動と保守の一現象であるだろう。

こういうやつかいな問題を取扱うには、何度でも入口に立戻らなければならない。

労働の経済的解放は個性の創造的活動の自由（言論の自由）の不可分の前提をなしているが、その相方とも、どんな意味の中央集権主義とも相矛盾する。

充分に成熟した、またはしつつある両体制――つまり現代資本主義と現代社会主義＝官僚主義的全体主義――の没落と、それにかわる新しい社会秩序――コンミユン的統治形態によつて組織され、統一された世界的制度の誕生は必然である。

世界的な規模で発展した生産力は、古い制度を崩壊に導く原動力であるが、全人類的な会計のための世界経済の融合と統一がなしとげられるまでには、なお、ある過渡期を経なければなるまい。過渡期の有様を多少とも具体的にえがくことはできない。しかし、それは、もはや、いかなる点でも、中央集権的なものとはなりえない。過渡期には、経済の国民的単位、計画経済(全人口のための、むだのない計画はたえまない修正なしには、民主的討論なしには不可能である)の国民的規模の境界をただちに取り除きはしない。しかし、国民の統一は、抑圧的な中央集権的な諸制度によつてではなしに、社会成員全体に根をはつたコンミユン制度によつて、つまり新しい統治制度が、ふたたび抑圧的な社会の主人に成長することを身をもつて防止できる制度に、国民が自分を組織することによつて実現されるであろう。

レーニンの引用しているマルクスの文章をここでもう一度引用してみよう。

「パリ・コンミユンは、もちろん、フランスの大工業中心地への手本のはたらきをしなければならなかつた。ひとたびコンミユン制度がパリおよび第二流の中心地にうちたてられれば、ふるい中央集権的政府は、地方においても、生産者の自治政府に道をゆずらなければならなくなるだろう。時間がなかつたためにコンミユンがくわしく展開できなかつた、その全国的組織のざつとした見取図をみると、どんな小さな田舎の村でもコンミユンがその政治形態となるべきこと、また農村地方では常備軍をやめてそのかわりに服役期間のごくみじかい国民兵をおくべきことがはつきりのべられている。各郡内の農村コンミユンは、その中心都市における代表者会議で共通の事務を処理し、さらにこの郡の会議がパリの全国代議員会に代議員をおくることになつていた。その代議員はすべていつでも解任することができ、またその選挙民の拘束的委任命令(正式命令)に制約されることになつていた。それでも少数の、だが重要な機能がなお中央政府の手にのこる」云々(傍点筆者、「フランスの内乱」前掲三二九頁)ごらんの通り、これは徹底した民主主義である。「他方、階層制による任命で普通選挙にかえることなど、コンミユンの精神に縁遠いものはありえなかつた」(同前)上からの階層制による任命(あるいは選択といつてもよかろう)を抜きにした中央集権主義などとは言葉の矛盾である。

「さてそこで、プロレタリアートと貧しい農民階級とが国家権力をかれらの手中におさめ、全く自由にいくつものコンミユンに組織され、これらのコンミユンの活動を資本にたいする共同の打撃において、資本家らの抵抗抑圧において、鉄道・大工場・土地などの私有財産の全国民、全社会へのゆづり渡しにおいて、統一するならば、それは一体中央集権制ではなかろうか」「国家と革命」前掲七〇頁)いや、それは民主主義である。「しかもプロレタリア的中央集権主義ではなかろうか。」(同前)いや、それは徹底した民主主義であつて中央集権ではない。「自発的な中央集権制」(同前)などと論理を弄んでも始らない。

マルクスはいう、「コンミユン制は、農村の生産者たちをその地方の中心都市の知的指導のもとにおき、その都市の労働者が彼らの利益を自然に代表するようにしてやつたのである。」(前掲三三一頁)中央都市、つまり産業と文化の中心地と他の全地方との関係においても同様の論理を適応することができる。諸大国民の統一は「たとい最初は政治的強力(フオース)によつて成立したとしても、いまでは社会的生産の有力な協力要因となつているものである」(同前)国民の統一は共産主義の第一段階には、いぜん生きのびる。国民の統一はコンミユン制度によつて維持され、またそれ故に、しだいに死滅しはじめ、世界的統一が形造られる。旧制度の崩壊の後には、従属国、後進国は、一層自身の国民的独立と統一を際立たせる。被抑圧民族がはじめて自分の民族国家を分離せしめ、国民的統一を完成する光景さえも見ることができるであろう。先進国による後進国の搾取の除去、経済的平等を基礎に、諸国民間の接近と融合が始まる。各国間の技術水準の落差の消滅、国内においては、都市と農村、知能労働と肉体労働との対立の止揚は、諸国民を国民として性格づけているすべての条件を崩壊させる。全地球を包みこむ、自由で豊かな一つの共同体が出現する。

「歴史上まつたくあたらしく創造されたものは、社会生活のふるい死滅さえしてしまつた形態と、いくらかでもにているようにみえると、その模造品とみあやまられるのが一般に運命らしい」（マルクス、前掲三三〇頁）「コンミユン制（コンステイニーユーション）は、諸大国民の統一を、モンテスキユーやジロンド党員たちが夢想したような小国家の連邦に解消するこころみとみあやまられた。だが、この統一は、たとい最初は政治的強力（フオース）によつて成立したとしても、いまでは社会的生産の有力な協力要因となつているものである。国家権力にたいするコンミユンの対立は、過去の中央集権にたいするむかしからの闘争の誇張された一形態とみあやまられた。」（前掲三三一頁、傍点筆者）それはむかしからの闘争のむしかえしではなく、全く新しい民主主義的制度の出現であつた。レーニンは、コンミユンを中央集権に対するむかしからの闘争のむしかえしとみた連邦主義者に反対し（そこまではよかつたが）、マルクスの「国民の統一は破壊されるべきでなく」云々という文句をとりだして、マルクスを中央集権主義者と断定し、あげくに「自発的な中央集権制」という矛盾した概念を作りあげた。中央集権制にとつて自発的たりうるのは中央のみであり、彼らは自分の掌中にあらゆる権力を集中しつづけようとし、非中央、中央でないすべての者をその下に掌握しようとすることによつて、民主主義を破壊しなければならない。

この点ではレーニンもまた自分を支配していたふるい生活概念をもつて、コンミユンを解釈したのである。（註）

（註）対島忠行はその著書「クレムリンの神話」でコンミユンについて詳述しているが、中央集権主義の問題では、レーニンの見解を擁護し、マルクスの見解と同一視している。「なお、ここで、コンミユーン国家は、連邦主義（Féderalism）を原則とするものでなく、中央集権主義（Centralism）の原則に立つことを一言しておくのも無駄ではあるまい。コンミユーン国家の排撃するのは、『ブルジョア的・軍事的・官僚的中央集権』であつて、自らは『民主主義的・プロレタリア的中央集権』に立つものである」云々。

しかしみられる通り問題はマルクスがコンミユンの叙述において、非中央集権主義者である、というに止まらず、コンミユンはその性格上、中央集権主義とは全く相いれないということである。

レーニンはただ理論的にまちがつていたばかりでなく、実践的にもまちがつていた。十月革命後彼は、ソヴエトと党を、自分の思想に似せて、まさしくロシヤ的現実の枠にふさわしく、中央集権的な行政機構に変型させ融合せしめた。行政機構は社会の下僕から社会の主人に転化した。むろんこれはただ単にレーニンの罪ではなく、ロシア革命の不可避の行方であつたが、ただ彼はそれを正しいと確信してやつたまでである。

レーニンが死の床でしたためた遺書は、党の分裂をさけるために党の中央委員を五十名乃至百名ぐらいに増員するよう提案しているが、レーニンは行政権力がしだいに社会から独立しはじめ人民に対する恐るべき恐怖となりはじめたことを予感せざるをえなかつたのであろう。しかし、中央委員の増員で、党の分裂の危機（実は党自体が巨大な抑圧的な行政権力――労働者階級の主人に転化した官僚制度――と一体化していくことに外ならなかつたのであるが）を回避できるかもしれないと期待したのは、集燥にかられた結果の一つの思いつき以上のものではありえなかつた。

レーニンはコンミユン型の制度を擁護し、例えば、十月革命直後、ブルジョア的専門家達を高給を支払つて雇わなければならなかつた時も、こう言つている。「このような処置が一つの妥協であり、パリ・コンミユンやあらゆるプロレタリア権力の諸原則からの退却である」と公然と説明し「高い給料の腐敗的な影響が、ソヴエト政権に対しても、……また労働者大衆に対しても及ぶことは争う余地がないことである。けれども、いやしくも思慮ある誠実な労働者や貧農は、すべて、我々に同意するだろう。そして、我々が資本主義の悪い遺産から、すぐにはのがれることができないということを認めるだろう。……（中略）我々労働者や農民自身が、ブルジョア専門家を利用して、よりよい労働規律を学び、より高い労働技術を学ぶことが、より早ければ早いほど、それだけ早く我々は、これらの専門家に支払うあらゆる「貢税」から免れるだろう。」（「ソヴエト政権の当面の任務」　対島忠行「クレムリンの神話」一五八頁より）しかしレーニンは、ロシヤの国際的国内的環境のもとでは、コンミユン的制度の諸原則からのあらゆる点での後退のみが可能であつたことを見ることができなかつた。彼はロシヤの生んだ稀なすぐれた理論家であり実践家であつたが、その思考はしばしば、ロシヤ的現実の狭い境界を突破することができなかつた。中央集権の問題にしても、一九一七年にロシヤにおいて支配的党として政治を行わねばならない「現実」の要請に、史的唯物論を折衷せしめてしまつたのである。

しかしながら、コンミユンもまた歴史の所産であつて、一定の物質的前提なしには不可能である。

一般に、わが共産党員たち、「マルクス主義者」、「コムミユニスト」「社会主義者」その他は、今日のソ同盟および中国を社会主義国家と呼んでいる。

ソ同盟の場合には主要な点で発生のそもそもにおいて社会主義の物質的前提が欠除していた。

一九一七年当時のロシヤは、工業の発達の未熟な後れた農業国であつた、ロシヤのブルジョアジーは、力弱く、その上、イギリスとフランスの資本に極めて強く従属していたので、自力で産業革命をやり、戦争で疲弊した国民経済の建直しと、新しい発展を促す能力がなかつた。否応なしに、プロレタリア化した大衆による革命によつて、国民経済の死活の問題を解決するほかはなかつた。そうでなければ、ロシヤには、四分五裂と救い難い堕落があるばかりであつた。しかし、革命をやつたのはプロレタリアートであつたが、工業化を遂行するためには、強烈な理想主義と、強固な権力意識によつて武装し、一枚岩のように結束した選ばれた部隊であるボルシエヴイキに、生産の組織と国家行政のすべてをゆだねざるをえなかつた。党は国家機構と融合し、それを従属せしめ、国有化した財産を基礎に、恐るべき特権を享受する一つの階級に転化した。

革命ロシヤを社会主義共和国と呼ぶことについて、ロシヤでは社会主義はいぜんとして未来の問題ではあるが、この名は新しい政権の社会主義への決意を表現するものだ、とレーニンは言つたが、スターリンの時代に入つて、その決意さえも、大衆に勝利していつた　官僚によつて徹底的に弾圧をうけ窒息させられてしまつた。この事情は私の他の論文に不充分ながら書いたので詳述したいが、私は今日のソ同盟を官僚の共同会計のための国家（いわば経済、政治の両面にわたつて本質的に官僚主義の国家）という概念がもつとも適切ではないかと考える。官僚は中央集権的な国家機構をその掌中に握り、国有化された生産手段を上からの網の目に組みこむことによつて国民の富を収奪してしまつた。そこでは、労働時間と労働の強度に応じて、社会の共同の倉庫から受取るという、共産主義の第一段階に想定される経済法則はなく、商品経済が一般的であり、いぜん価値法則が支配している。第二次大戦はソ同盟にいくつかの従属国をもたらしたが、ソ同盟の従属国に対する経済政策は資源の掠奪、資本輸出、合弁会社設立という典型的帝国主義的特徴をそなえている。それは資本主義と極めて似通つているが、大衆に勝利した官僚が国家的富を収奪したという点において、銀行鉄道、通信施設、航空、港湾、工場の全般的国有を基礎としている点において、また、当初から強力な中央集権的な計画経済の今般的実施によつて、社会的富を蓄積していつた点において、古典的な典型的な資本主義の発展過程とは全く区別さるべきものである。

われわれはこの点に関して、史的唯物論に全く新しい一章を加えねばならない。所有関係における国有が存在する限り、それは堕落していはしても労働者国家だとするレオン・トロツキー及び、今日トロツキストを自称する人々の説は、国有が実質上官僚の共同所有に変つていることを見落している。また対島忠行のように、ソ同盟を国家独占資本主義だということも、十月革命の後に労働者の中から生まれた官僚が、自分の手中に握つた行政機構を足場に、財産の国有化ーつまり官僚的共有をなしとげ、労働力を搾取する巨大な階級にまで育つていつた事実を正確に表現するものではない。また単に国有という事実をもつて、国家独占資本主義というならば、ブルジョアジーの共同会計のために、いくつかの生産手段を国有化し（しかし、その固有の財産形態のために全般的国有は実施されないが）、国家機構の統一的な国民への統治の機能に依存している現代資本主義――計画経済はそれ自体では、発達した資本主義のもとではますます例外でなくなりつつある――をも、国家独占資本主義と名づけてはいけないだろうか（註1）。問題は、ソ同盟及び東欧諸国には、一群の史上全く新しい社会的特権層が存在し、彼らはその特権を擁護するために全体主義的国家の抑圧的な性格に依存していることである。彼らは、元帥以下のあらゆる身分制、レーニン勲章以下のあらゆる位階勲等を旧制度からひき移している。（註2）

（註1）「株式会社による資本主義的生産はもう私的生産ではなく、多数人の共同計算による生産である。もし株式会社からすすんで、産業部門の全体を支配し独占するトラストにうつるなら、そこでは私的生産がやむだけではなく無計画性もまたやむ。」エンゲルス、エルフルト綱領草案批判、大月書店刊ML選集第一七巻三七九頁）

（註2）　ドウヂーンツエフの小説「パンのみによるにあらず」を読んで見給え。ソ同盟では文官も皆軍隊並の位階をもつており、工業関係のある省の大臣は「将官の白い肩章をつけ」ており（山村房次、久野公訳、講談社刊、二五五頁下段）国立鋳造機設計研究所長は将官であり（二七二頁下段）技師も（二六五頁下段）、婦人の検事補も（二二二頁下段）肩章をつけているのである。それは『「国家機関を官僚主義の要塞に化し」』、『「民間に生まれた生きた思想をほろぼす」独占者（モノポリスト）たちの連帯保証』のための相互のパスポートである。この本は、お望みならば、社会主義のもとでの、

非公開の秘密政治裁判の実態まで見せてくれるのであるが、作者の社会主義についてのイメージの弱さと愛国主義という狭雑物によって、曇らされているとはいえ、正義と自由のために、専制制度に向って挑戦する党員と非党員の姿が感動的にえがかれている。

ついでながらつけ加えると、この小説のトルストイ的スタイルはロシヤにおける芸術形式の多様な発達がどれほど制限されているかの指標ともなるであろう。この内容の触発力は明らかにこの形式以外の何かを必要としたように思われる。

ソ同盟はその四十年間の歴史において、ある高度の技術水準をもった工業国に変貌し、ようやく社会主義に転化しうる経済的前提を生みだしつつあるが、そこでは、官僚の共同計算による生産が支配的であって、それが社会主義的生産に席をゆずるためには、一つの革命を通過しなければならない。労働者階級は力をもって官僚の抵抗を破砕し、中央集権的な抑圧的な権力常備軍、政治警察、官僚制度を打倒し、新しいコンミユン型の民主主義共和国を打ち立てねばならない。それは国有をコンミユン的所有、全社会成員の共同所有に転化し、官僚主義的（擬似独占資本主義的）生産を、言葉のありのままの意味において「全社会の勘定によって、あらかじめ定められた計画にしたがって経営される社会主義的生産」に転化しなければならない。

中華人民共和国においては問題は一層単純である。中国の国家権力を掌握した独占的政党―中国共産党は、成立の当初から、スターリニズムの亜流である。ソ同盟では官僚が大衆に勝利するためには、レーニン主義とトロツキー主義の伝統をもった反対派との苛烈な政治斗争を経なければならなかった。中国共産党では、ソヴエト制度（コンミユン）への志向は、権力を掌握するずつと以前に滅ぼされていた。彼らは、スターリニズムよりも、より誤りが少く、官僚主義的国家制度の確立に専心することができる。厖大な人口、広大な国土と豊富な資源――中国の未来の一定の時期を想像するのに、われわれは今日のソ同盟によって、あるていど適確な示唆をうけとることができる。

（註）ソ同盟と中国の国家の本質については別稿で詳述する予定である。

従属国について一言するならば、今日のAA諸国の資本主義列強からの離脱と、ポーランドのソ同盟からの離反とハンガリアの暴動（悲惨な十月以后一年たった今日でも、餘尽のくすぶりを仄聞することができる）はそれぞれの体制的危機の表現である。

戦争の危険は、二つの世界体制の利害の対立の中に、各体制内部の階級的矛盾の外部への転化の可能性として存在する。体制内部の階級対立を止揚することによってのみ、戦争の危機を回避することができる。将来はますますある国の危機はその体制内の全般的危機としてあらわれるであろうから、一国の枠を越えて世界的な共同の利害に結ばれているプロレタリアートは、一国の革命を決して国民的単位にとどめておくことをしないであろう。（註1）将来の歴史は各国につぎつぎとプロレタリア革命の生起する壮大な一時期を現出するであろう。

それは人間の疎外をもたらす一切の制度の死滅に至るすさまじい序幕となるであろう。（註2）

（註1）革命が民族革命の段階に止まらざるをえないために、または一国の枠内に止まらざるをえないために、さけることのできない革命からの後退――例えば武装民衆はふたたび常備軍がとってかわることの可能性――例えば卑近な例で、武装民衆にふたたび常備軍がとってかわれば、それは直ちに位階制と特権、抑圧的な権力の温床となるのであ

るが――は、革命がたえず断続的に一国の枠を突破することによつて、たえず外発的に防止される。

(註2) しかし問題はいぜんとして残る。理念としての、あるいは原理としてのコンミュン制度を、具体的な民主々義的統治の形態に引き写して考察することである。人間はやが政治制度を自分に従属させるであろうが、民主主義なしに、統治なしに生きていくことはできないのであるから――。この問題については、現代資本主義と現代社会主義のより立ちいつた分析なしには答えを得ることはできない。戦争の問題、現代資本主義の社会主義(コンミュン)への転化はどのようにして起るかという問題もまた同じである。

二、同世代の革命家達へ

私は、仮に言うならば「前方への意志」とでも名づけられる思考を身につけて、この二年間――日本共産党第六回全国協議会以後の二年間――をくぐりぬけてきた。それは暗い巨大な塔のら線階段を登りつづけて行くうちに、閉ざされた登攀者の眼に上方からの光明が見分けられるようになる、その無限に上昇しつづけようとする自己否定の連続であつた。

最初の一年間を、共産党の保守的な方向への新たな回帰へのわが攻撃と圧迫の時期であるとするならば、後の一年間は、わが後退戦の時期であつた。この時期に党内では保守的な力が再び勝利し、対立者達は、徒らに復古に反対はしていても、自身科学的な見通しを獲得しているとは、言い難い状態にあつた。

私は、日本共産党員としては、俗に「中堅幹部」と呼ばれる「地位」にあつた。私は今年の二月の第二回茨城県党協議会において、県委員に再選された。私はその直後の県委員会総会において、県常任委員への再任を多数で希望されたが、私は固辞し、水戸第五細胞に自ら所属した。わが後退戦の最後の戦いを、私はそこで行つた。二十才前後の数名の若い革命家達も、その時ともに戦つたのである。

私は今、一つの新しい地点に立つている。私は二十一才になつて間もなく革命運動に入り、やがて二十九才になろうとしているのであるが、私の今日の姿勢は、歴史が前衛に新しい回生を要求する時代に私が漸く幸運にも辿りつきえた、特殊な転換点に固有のものである。

私は、茨城県における反中央の革新的な一つの力とみられていた。しかしわが後退戦の時期の私を、単なる党内革新派一般と同一視することは誤りである。また、私の県委員辞任と上京とを指して、ついに刀折れ矢つきて退却したものと見なすことは、輪をかけた謬見にすぎない。私は断じて党内革新派一般ではなかつた。というより、もつと正確に言えば、むしろ私は党内革新派からも、しだいしだいに自己を区別し、革命家としての、時代的な、新たな視点と方向とを見出すべく、苦悩を負つて孤立していつたのである。「お前はいまだ革命家たりえているか、何をもつて自分を革命家と規定しうるか」という厳しい問いの前で、私はたえざる自己検討――自己否定を「わが後退戦」の客観的道程と重ね合せていつたのである。

革命家は絶えず前方を見つめ、たえざる自己否定のら線階段を登りつづける苦悩を自らに課さねばならない。

革命家は孤絶した自分自身から出発することはしない。常に新らしい時代的課題から出発する。それはこれから始まろうとする壮大な歴史的展望についてのイメージによつて現実性を与えられる。その見通しが遠ければ遠い程、現実的課題は一層切実かつ明瞭なものとなりうる。革命家は自分の未来図を、可能な限り遠い時点に定着させようとする。革命家が前方への意志をもちつづけ、科学的探究をつづけるならば、未来図を定着させうる時点はたえず遠ざかる。そのつど新しい発見があり、新しい自己否定がそこに重なり、これから始まろうとする過程への洞察は一層明瞭となり、現実の課題はより焦眉のテーマとなつてわれわれを突き動かすことになるのである。

「前方への意志」は「革命的姿勢」と名付けてもよい。革命家が科学を認識の基礎としようとする限り、科学は科学であるために、革命家に「革命的姿勢」を要求する。人間の意識は歴史的環境によつて限定され、自己を限定している歴史的環境の条件性を究めつくすことによつて、今度は認識はたえずその限界を突破することが可能になつた。社会科学が一時代にわたる未来の歴史上の仮説を立てうるようになつたのは、人類が資本主義的生産様式を獲得して後であつた。マルクスの仕事は近代の諸科学を基礎とし、深遠な科学的洞察をもととしてはじめて可能であつた。しかし、マルクスの著作は、彼と同時代又は彼に先行する時代の諸科学に対する批判的傾向によつてのみ特徴づけられるものではない。マルクスはいくつかの極めて解明困難な仮説に向かつて挑戦している。その思考の前方への飛躍性とその飛躍した漠たる問題意識と自分との間隙を、精徴な論理で埋めつくさずにはいない、抽象と一般化へ向かう認識の上昇性においてきわだつている。

けれども、われわれは自分をしばしばマルクス主義者と呼んできたが、マルクス自体、いやマルクスの著作自体決して自足的なものではなく、(保守的な科学の諸傾向が、様々の蒙昧の中に止まつていたのと比較すれば、マルクスの予見は恐るべき卓見であつたし、現在なお、多くの学問的示唆に富んでいるのであるが)十九世紀後半のヨーロッパの一定の歴史的条件における学問的所産であつて、限定性をまぬかれることはできない。われわれは、今日の歴史的条件と諸科学の到達点の上に立つてマルクスの著作をもわれわれの認識の一参考とし、一層明確でかつ豊かな未来への仮説の構成の中へ、批判的に組みこまねばならない。それはその瞬間から本来のマルクス主義である事をやめ、新しい何ものかが誕生するのであつて、われわれもそのことによつて、社会科学の学問的宝庫を豊かにし、今後の科学の発展と歴史の進歩に寄与することができるのである。

プロレタリアートは実践の中で、自身の認識を獲得するが、ただ彼らが実践―認識―再実践―再認識を根幹とし、感性的認識から理性的認識へという実証主義的認識過程を歩みつづけるのみであるならば、彼らの理性的認識のゆきつく所はせいぜいトレド・ユニオン主義であり、社会主義の理念には遂に到達することがない。

科学的予見(仮説)は近代の諸科学の深い教養を前提として始めて可能である。これは革命的実践のための革命的識認を洞察しうる前提条件である。無知の土壌には教条主義と盲動主義の仇花しか開くことはないのである。教条主義に対して実践(へ大衆に学べ、大衆の中から大衆の中へ)を対置すれば事足れりとするのは、「新綱領」に対して火焔ビン戦術を対置せしめようとする滑稽に通じている。火焔ビン戦術は経済主義と同じく革命的理論を持たないか、または教条主義の偏ぱな信念にとりかたまり、理論を運動に結びつけて渾然一体化する能力をもたない無能者達は、テロ以外に自分の憎悪のはけ口を見つけることはできない。

教条主義も経済主義もテロリズムも、ともに革命家集団の前近代性の所産であり、彼らはしばしばその三つの混屯たる混肴物である。

ある人間が革命家であるためには、まず自分の理論をもたねばならず、彼が革命的理論のたえざる創造者であるためには、科学的同察と、自己省察とをたえず合せ行わねばならない。くりかえしいうが理論のない実践は、それがどんなに困難な坂道をよじのぼつているように錯覚されても、所詮は社会の進歩に受動的に引きずりまわされる体のものである。

エンゲルスは自分の死（つまり肉体的生命の終焉）が、他人の感性に、神秘的に投影し、多少とも否定的意味を生ずることを峻拒して自分の骨を粉にして英仏海峡に投ずるよう云い残した。これは今では革命家達の 間 の誇り草にすぎなくなつているが、これには人々が偉人故に許される奇異な行為として感じられる以上の深い意志がかくされている。私はそこに自分の生涯の最後まで革命家であろうとする意志、死そのものにも「革命的姿勢」を附与しようとした先駆的実験者の姿を読みとろうとするものである。

われわれは権力による政治の消滅を準備すべく政治の渦中に身を置こうとするものである。この辯証法を理解できないものは、断じて革命家たりえない。したがつてわれわれは、自分を絶対化しようとする意志とも、自分を永遠化しようとする意志とも無縁でなければならぬ。個人に即して云えばわれわれはただ限りなく発見者であり、たえまなく変革者であり、自己否定者である。例えば労働者階級は、階級そのものの消滅を準備すべく、自己自身支配階級たるべき一時期をもつのである。彼らは自分の使命にふさわしく、自己の運動を組織し、それにふさわしい制度をもつて現存秩序にかえねばならぬ。この辯証法を歴史の現実の過程に照応させえなかつたならば、その実践は破綻をまぬがれえないであろう。

私の想定する革命とは、人間疎外をもたらす一切の制度を死滅せしめる能力を、内部に本質的にもつている制度をもつて現存秩序にかえるものでなければならない。

一切の批判の規範としてこの問題意識がある。わが同世代の革命家達が、自由な討論の場所に現代社会について の 全問題をひきずり出し叡智を結集して、まず時代の省察に当るならば、そこに全く、切実な実践的課題がより急速にかつ全面的にわれわれの面前に提出せられるに至るであろう。だが、私の見る所では、わが革命的同世代人は、今一つのひじように危険な転換点に立つている。

私が同世代の革命家と呼ぶ場合に、まず武井昭夫を念頭におかざるをえない。彼は、一九五〇年に、勝手に共産党中央委員会を解体し、地下へ潜行して党指導の実権を掌握した腐敗的徒党徳田、伊藤、志田、野坂、椎野、ぬやま、春日（正）らに対して、全国統一委員会に参加した。全国統一委員会が、コミンフオルムと中国共産党の国際的圧力に屈して解散した後、それまで行動を共にしていた宮本顕治がしだいに退嬰化しはじめるや、その反対者として立ち、さらにその後新日本文学会において行動を共にしていた花田清輝が、最近、とみに進歩を見せなくなりはじめるや、彼と訣別し、対決しはじめている。

が、しかし、今、私は武井に進歩をよみとることはできなくなつてきている。花田も宮本も、文学と政治の両舞台において、武井が立ちつづけた地点から、後退した。が、しかし、武井は一体どこからどこへ、どのような問題をひつさげて飛躍したであろうか。なるほど彼は、党を水晶のような純粋さにかえようとする頑固なまでの意志を貫き通してきた。しかし他方、彼は最近の歴史が、それ自身の展開をもつて示した、深刻な全問題の所在と意義を、ほとんど把握するに至つていないように見える。

ハンガリー事件一つとつてみても、彼が「新日本文学」で、シエピーロフを擁護した時、彼は、モラルにおいては鋭く対立している宮本と政治的にはまさに同一地点に立っていることをはしなくも示した。一時は彼もまた、「スターリンの理論だけではなくて、コミンテルン時代からの世界革命運動の方向についても検討が必要ではないかと思う」とのべた。また「第二次大戦前の一国社会主義の理論と世界革命方式との関連の問題、第二次大戦以後の情勢変化によるその関連の変化ということについて明かにしていかなければ、スターリン批判の問題は明確にならないのじゃないかという気がする」とものべている。さらに「とにかくスターリン批判一つ取ってみても、日本の共産党の党史の問題として、また第二次世界大戦後の日本の革命運動の問題として、歴史的事実に基いて理論的に究明していくというような仕事は、機関誌の『前衛』や『アカハタ』においてはほとんどやられていないわけなんです」ともいっている。(一、中央公論」・昭三十二・臨時増刊号、座談会「若き日共党員の悩み」。)ならば武井自身はそれをやったのだろうか。「フルシチョフの秘密報告などというものは、要するに共産主義者の文章として非常に程度の低いものであるということからまず出発しなければどうしようもないのじゃないか」と言う武井自身「まず出発」したのだろうか。どれほどか程度の高いものを生みだしたのだろうか。他に求め、自らは果さず、自らに課し、自ら果さず——この果さない今日の時期の武井昭夫について、私は深い憂愁を覚えざるをえない。

井上光晴、奥野健男、清岡卓行、武井昭夫、吉本隆明の連名で書かれた「芸術運動とは何か・原理論として・オールド・ジェネレーションへ」と題する論文(「綜合」九月号)は、芸術「運動のプログラムを提出したい」という論文冒頭の宣言にもかかわらず、そこには何らのプログラムの提出もないばかりか、論旨は停滞し、論理は虚ろな抽象に堕している。

芸術は「生のままの現実と認識された現実とによっていわば二重の上部構造性をもつ」「芸術家は内部の世界を認識された現実とかかわらせることによって芸術作品を創造し、生のままの現実とかかわらせることによって実行(実生活から芸術運動にわたる)するものである。すくなくとも、実行によって政治理論をつかみ、つかみとった政治理論をもって実行し、この過程を内部の世界に循環せしめる態の政治家が、芸術家と同じように内部世界を認識された現実と生のままの現実とにかかわらせる過程をもつものであることは、いうまでもない。このとき、芸術家と政治家とを内部的に区別するのは、かれが内部の心理部分にたいする現実の反映に着眼するか、イデオロギー部分にたいする現実の反映に着眼するか、のちがいであるにすぎない。

「大衆と結びつく」ことを主張するこれら若い「芸術家」にして「政治家」たる人々の認識論の骨子をなす二重の上部構造の中の認識された現実とは、具体的世界の中ではどのような様相のどのような投影をさすのであろうか。自分の内部の奥深い襞にまで立入って、その、外部世界との照応関係を探ろうとする自己省察の深刻な姿態に、私は清冽な共感を禁じえないが、しかしそこに、その真摯な意図にもかかわらず、観念的な停滞のもどかしさを感じるのである。ここにみられる「図式的な誇張」や、実行によって政治理論をつかむなどという、素朴な実証主義が、変革への契機と結びつきうる歴史的段階はすでにとうにすぎ去ってしまったかのように思われる。政治家が政治家として革命的実行者たりうるためには、まず科学者であることが要請される時代にわれわれは住んでいる。芸術家が(革命的)創造者たりうるためには政治が社会制度を規制するその本質的なメカニズムの理論的把握に止らず、人間の時代的苦悩と、人間の精神に宿る　微妙な情緒と意志についての深い共鳴力と、巧徴な形象力とをその能力として持っていなければならない。（決して他人がのぞきみることのできない神秘な固定した）内部世界を外部とかかわらせるという図式的操作をもってしては、決して現代史的課題にこたえうる革命的問題意識を自覚することはできないのである。

過去にどんなにか、党の純粋性のために、党のモラルと民主主義のためにたたかってきたにしても、今にいたって、未来への党の歩みについての、プログラムを示しえないならば、彼は、何によって共産党の都委員たりえているのか？　革命的理論によってでないとすれば、過去の実績によってである。過去の実績に対する称讃、畏敬――革命家がそんなものにわずかでも囲まれている世界に甘じるということは、何ということであろう。

私の手元に「人民中国」一九五五年一二月号がある。そこには「毛主席、元師の称号と勲章を授与」と題するグラビラ頁がある。五五年九月二十三日朱徳以下十人の将軍に元師称号が贈られ、延八百十八名に各種の勲章がおくられることになった。この事実は、中国紅軍が、今や中国六億の人民に支配力をふるう大権力として、立身出世主義と特権の温床と化してしまっていることを、公然とばくろしたのである。朱徳に勲章を手渡している毛沢東は平服を着てはいても、心のなかでは自らを元師に擬していることになろう。

私は武井を、毛沢東や朱徳と同一視するものではないが、武井の姿勢は、大きく類別すれば、大衆の権威主義と、過去に執着する感情に依拠したものであって、組織の中で、組織の保守的な意志に真向から逆って、自己否定的な前方への意志を育くもうとするものではない。武井昭夫は今なを同世代と若い世代から進歩の強靱なバネとして期待されているとしても、自らの姿勢と内部から湧きでる精神の伸展力によって、同世代と若い世代に向って能動的に問題を提起しうる立場からは、はるかに異ったコースに入りこみつつある。

ふたたび問おう。彼は何によって都委員たりえているのか。科学的批判が抑圧されている結果、全成員の参加による科学的討論にさらされることのない組織内部で、無自覚な風潮、自惰落な拡散傾向との対比においては多少目立っている学生運動の指導成果の評価によってであろうか。しかし、理論のない運動はどんなにもりあがっても、革命的プログラムと結びつくことはない。客観的法則性の把握なしに、運動の前進、後退、飛躍曲折を適切に計量し、大衆に能動的に、かつ正確に働きかけ自分の行動を歴史の進歩の歯車にかみ合せることはできない。原水爆禁止運動一つとってみても、世界的な社会主義への転化の道行を把握し、国際的な労働運動に直接依拠することとをぬきにした運動は、一見どんなにはなばなしくとも、幻想的な力弱いものにおちいりがちである。

武井昭夫は「今後の学生運動の実際を見てくれ、自分達の理論の正しさを証明してみせる」という意気を示したことがあるが、いつまでも小さな短い時点にとゞまっていてはならない。今のままでいけば、学生運動とよばれうるものは、あと二年もして、今の三年生が大学を卒業してしまえば、あとに、わずかな波紋を残すぐらいで消え去ってしまうであろう。

前衛は、時代の提起する問題を把握できなくなれば、直ちに前衛でなくなり、保守に転化するのである。

「オールド・ジェネレーションへ」とするこの連名の論文は「わたしたちの希望は、もしも芸術家が自己の内部を典型化することができ、大衆が自己の内部を典型化することができたときは、大衆芸術と芸術家の芸術とは、ちがつた質をもちながら、しかも内部的な構造を同じくするだろうということにかかつている」と書いている。当るも八卦、当らぬも八卦である。現実の認識のかわりに固定的な図式をもつて大衆との質的相違を云々することは、ファナチズムの変型に外ならず、「この断層と異質さ（彼らの芸術運動と大衆との――筆者）を意識するとき、すでにわたしたちは、大衆の方向に顔を向けて歩いている」というのであるが、その顔とは、どのような顔なのであろうか。

すさまじく発光しながら、新たな課題に触発しつづけたいくつかのすぐれた知性が、きわめて解決困難に見えた一つの壁を突破した時、拍手と畏敬の念に多少ともとりまかれると、その地点はただ次の飛躍への一ステップにすぎないことの自覚を失い、知性はなえ、ついに自身保守的な壁として後世代に立ち塞がるにいたつた恐ろしい光景を、われわれは眼のあたり見てきた。これがわれわれの時代的経験であり、絶望ということの真の意味である。武井、吉本、奥野、井上、清岡ら、文学者にして政治家たろうとする（あるいはその逆の）人々が、花田清輝を的にして一せいに砲口をひらいた。それは壮観というべきであろうか。否。それは気負つた文体の外観上の花々しさ、「オールドヂエネレーションへ」という挑戦的な標題にも拘らず、科学的自己省察の全き欠除の故に、放たれた弾は眼前1尺の所から、発砲者自身の方へひよろひよろと引返してぽとりと落ちる体のそれだまであつた。

花田清輝が戦時に時代の苛烈な先駆的精神であつたとしても、若干の声望に取囲まれ、名声そのものが、彼のジャーナリズムでの姿態を支えはじめた時、彼はそこから尻をはずすことができず、彼もまた老いたのである。それにしても彼をその歴史性において把えることができず、図式的教条の規範で初めから終りまで計量しようとする「ヤンガージエネレーション」よりも、しかし私は、老いてなおヤンガー・ジエネレーションに向かつて問題を問おうとする花田の方に自己省察の苦悶を読みとることができる。

階級斗争場裡には、新しい登場者達が、自身の問題意識をひつさげて登場しつつある。わが同世代の革命家達よ、われわれもまた老いるのだ。新しい登場者達に向かつて、いやさらにずつと新しいまだ生まれてもいないヤンガージエネレーションに向かつて、われわれのなしうることは、現代社会の科学的批判をやりなおし、やりつくすことであり、そこにわれわれの歴史的経験の科学的総括を重なり合わせることであり、未来社会からの輝く光茫によつて自己省察をなしとげることである。それは認識の完璧をめざし、たえず完璧でない自身を発見し、たえず自己否定をとげる革命的姿勢をわれわれに要求している。

革命家武井は、決して自身を単なる政治家などと呼ぶべきではない。革命家武井はよろしく都委員をやめて、自ら身を置いてきた小さな世界をも含めて、時代の歴史的考察に精魂を傾けるべきである。

実践は真理の最後の検証者である。革命組織は数百の綱領よりも一つの実践によつてはかられる。ならば現在の党の指導部の実践を見給え。彼らがどんなにはなばなしく、「前衛」誌上の綱領論争を展開しようとも、この党が革命党ではなく、二枚舌の指導部、権力主義者の指導部の党であることを実践は如実に示している。かかる実践から、まじめではあつても、たゞ一図にさいの河原に石をつむ徒労を重ねる実践に至るまで革命的理論のない実践は、歴史の進歩に能動的に作用しうるものとはならない。私は知つている。ピラミット的組織の一部位にいると大衆に向かつてであれ、組織の下部に向つてであれ、「指導者」なければならず、実は何もわかつていないのに、わかつているかのように思いこみさえするのである。武井はハンガリー革命について反革命呼ばわりの自己の発言について真剣に考察かつ考証してみたことがあるのだろうか。彼が自己省察の習慣を多少とももつている人間ならば、事ごとに自己の良心に妥協を促がさねばそこにとどまりえないのである。中央への服従、多数への屈服、つまるところはどういう風に表現するによ面従腹背、言行不一致である。彼を最後に支えているものは、反権力者らしきもの、異質らしきものの外被をはぎとつてみれば必ず心の底にひそんでいる権力への意志であり、野党から与党へ、異端から正統へ非権力者から権力者へ転化じようとの意志である。それは自己を貫徹するや否や、保守――反動へ転化する可能性をもまた内包するものである。

革命家とは、人間の疎外をもたらす一切の制度や組織を破砕し、死滅せしめるためにのみたたかう者を指すのであり、前衛の組織はそれ自体いかなる権力をも意味してはならない。かれらは社会の発展法則の把握者であることによつて、大衆の制度への挑戦に対し一つの力たりうるのみである。人間を疎外する一切の制度の破砕と死滅を準備するためには、革命家は、現実をまじめに分析し未来を把握せねばならない。そうしてはじめて、彼は現在の焦眉の問題を見出し、それを大衆に向かつて投げかけることができるのである。

三、わが後退戦

私は密室の中へ向かつて、なしうる最大限の攻撃を行いながら、孤立した後退戦を戦いぬいた。これは、中央集権的な保守的な意志と徒党的な自己防衛本能の固定化したピラミッドの中で、一人の革命家がどれだけのことをなしうるかという実験であり、この社会から自身を隔絶した密室の中から、外へ出る以外には、革命家として生きのびうる資質の最後の一かけらまで失うに至るであろうという緻密な計算にしたがつた実証的考察でもあつた。

今年の四月、私の所属していた日本共産党水戸第五細胞では、細字のガリ版刷十二頁ほどの機関誌「風」を発行した。

細胞責任者の吉田和夫（二六才）は「風のことば」を書いた。

「私達の細胞の仕事をまず自由に物をいうところから始めたい。なれあいと退嬰的な風潮を排して、自主的で創造的な党風を作りあげねばならない。風は党を正す整風の風であり、だぼら風や憶病風を許さない。この誌上を活潑な批判と相互批判の場所にしたい。」（要旨）

これは「風」を発刊する際の、細胞全員の意見いわば最大公約数的なものであつた。

創刊号五十部は全部売れたが、事件は第二号が発行された時に起つた。

党の県委員でもあり、第五細胞管轄地区の委員でもある土田信夫が、県委員会事務所で私に向つて、地区常任委員会の決定として、「風」の発禁とすでに頒布した分の回収を要求した。つまり、私達がほぼ予期していた通りの事になつたのであるが、むろん私は承服しなかつた。

その翌晩、第五細胞の会議に土田地区委員にも出席してもらい、「風」発禁問題を討論した。地区委員会の発禁理由は――

第二号掲載の高知聡（二二才）「官僚・グロムイコ」という小論は、社会主義国ソヴエトに対して、基本的に疑惑を抱かせる内容をもつている。

創刊号及び第二号掲載の大池文雄「ハンガリー革命と共産主義」その1.その2.はハンガリー事件を基本的に反革命とみるわが党ならびに各国共産党の見解に反する。

このような論文を掲載した機関誌を党内外に配布する事は党規律上許されない。このような見解は自分の細胞内だけで討議するか、上級の党機関へ上申する事はできても、他の細胞の党員や党外の人々に発表する事は許されない。

私はこれに対して、私達の細胞のまだ社会に出始めたばかりの若い同志達が、一体どんな反応を示すだろうか、と見守っていた。しかし、全員がこの措置に反対し、それが討論の自由に対する侵害である事、当面する行動においては多数決を規準としながらも、あらゆる政治的、理論的討論は自由でなければならないことを主張した。（間もなく私は、レーニンも一九〇六年には似たような事を時の中央に向かつて主張しているのを知つた。大月版レーニン全集第一〇巻四三九頁）私は、ある意見を、たえず党中央の発表した見解と異つているかいないか、この論文のあの部分は？この部分は？また、まだ中央が見解を発表していない問題にふれていはしないか？あの部分はどうか？ではこの部分は？等々と詮索して、党外に発表してよい、悪い等と区別しなければならないとすれば、党はまたたくうちに自身自由な絶対的な検閲者達と、自由のない盲従者達（決して自分の頭で考えようとはしなくなつてしまうところの――）とに分解する事になり、党内部の発展の芽は悉くつみとられてしまうだろう――と言つた。（註、しかし私は今では、当面する行動においては多数決に従うという考え方に不満である。なぜなら理論と行動とは革命家にとつて不可分のものであるのだから――。一九〇六年のレーニンの論文＝大月版レーニン全集第十巻四三九頁＝が、特定の行動の統一を破らないことと、党綱領の諸原則の範囲内での批判にとどめる事を条件として、党外での批判の自由を擁護していることには一層反対である。党綱領の諸原則は固定的なものでありえよう筈はなく、科学的革命的批判が綱領そのものを対象となしえないとする事は、例え党内での批判の自由を認めても、科学を特定政党（＝特定少数）の専有物とする事であり、批判を党内に隠蔽する事は、歴史の発展の見通し＝理論＝綱領的諸原則にもとずいて行動を起し、歴史の発展の実際の軌跡に沿うて検証する科学的方法の基礎を奪つてしまう事になるからである。党綱領そのものが極端に誤つていた場合などは一層悲劇的であるが、ある綱領が正しいかどうかを特定の中央委員会又は大会の多数のみに任せる事はできないし、特定行動というが、ある行動を特定行動であるかないかを一体誰が決定するのか、を問題にすれば、党の政治生活から「行動の絶対的統一が要求される特定行動」という概念を設定する事自体矛盾している）

第五細胞は、問題となつた二論文への批判を、地区委員会が適当と思う人に執筆してもらい、それを「風」第三号に掲載し、（反対意見を同等に扱う事は「風」の当初からの編集方針であつた）「風」誌上で論争を進める事とし、発禁措置を中止するよう土田信夫に提案し、拒否された。しかし私は、自分で責任をとることにして、第二号の頒布を続けた。私は革命家である以上、自分の意見を大衆に明らかにせず、自分と異つた中央の見解をもつて大衆に答える事は偽瞞ないし堕落であると考えたからである。

問題の二論文は、それぞれ執筆者個人の意見であつて、細胞全体がこれに賛成しているというのではなかつた。最初から誌上論争を予想して掲載されたのである。

「官僚・グロムイコ」は、グロムイコがソ同盟で外相に就任するまでの経歴を分析し、社会主義国ソ同盟で、純官僚畑出身（グロムイコは専門学校を出るとすぐ外務省入りをし、ずつと外務官僚としてすごしてきた）の外務大臣が生まれるという事態は、社会主義の原則と相いわないのではないか。人民によつて選挙され、立法及び行政を統一的に行うコンミユーンに従属し、いつでも解任されうる官吏という概念と、グロムイコの経歴は矛盾する。という点を衝いて、ハンガリー事件にふれつつ、ソ同盟がコンミユーン型の国家とは異つた性格をもつているのではないか、という問いを投げかけたものであつた。

「グロムイコは、すくなくとも、二十五年もつづけて官僚である。それはグロムイコ個人についていえばレーニンの原則に反し、ソ連全体についていえば、いまでも官僚がレーニンの原則を無視したかたちで存在している点で、弁証法の法則に反しているのである。

したがつて、ソ連ははたして社会主義社会であるかというきびしい問いが、すべての共産主義者と共産主義運動に向つて問いかけられねばならないのではあるまいか。」

とそれは最後に書いている。

「ハンガリー革命と共産主義」（その1）は、ハンガリー人民の武装蜂起の直接の契機を外国の手先（ホルテイ派）の煽動に求めるのは正しくない、とのべている。ラコシ・ゲレの徒党の専制とソ同盟へのハンガリーの従属を是正せしめようとする人民の運動に対して、支配的徒党が、頑強に抵抗し、人民に席をゆずるかわりに、大衆的デモを圧迫、遂に銃を向けるに至つたこと、そして駐留ソ軍が、確かに旧体制への復帰を望む人々も混つてはいたが大部分が社会主義を望む労働者や学生達に立ち向かつたことに武装蜂起の原因を求めるべきである。一度立ち上つた人民は、ふたたび屈辱を肯んじまいとすれば、貧弱な武器で絶望的な叛乱に突き進む以外に道はなかつた。彼らは見通しをもつた信頼しうる前衛党の指導もなく「社会主義」のソ軍と、戦わねばならなかつたが、決して右翼の跳梁を黙つて見廻したり無差別に彼らと肩を並べたりしたわけではなく、意識ある労働者達は右翼とも戦い、ブタペストでは右翼の破壊から工場を守つてさえいる事実を指摘していた。これは人民が、蜂起によつて、どのような新しい体制をハンガリーに打ち立てようとしているのか、明確なイメーヂももたず、国際的な孤立の中で戦われた悲劇的な蜂起だつたことをのべ、野坂参三が、この蜂起をエヂプトへの帝国主義の侵攻と同じだと言つて、他方ソ同盟の軍事干渉を擁護したことを批判したものであつた。

同（その2）は第二次大戦以前からのソ同盟の東欧政策（スターリン外交）を分析し、その民族主義を批判し、宮本顕治の、ソ同盟の誤りを部分的なもの、いくつかの現象としてしか見ないで、むしろソ同盟を擁護している意見を批判した。これは更に数回、連載されることになつていた。

この「風」発禁事件は私から県委員会総会に持ち出し、第五細胞は地区へ引つづき抗議したが発禁は解除されなかつた。

これで一つ確めえた事は、例えピラミッドの最低辺にいたとしても、党中央に批判的であることは、今の党にあつては許されないということであつた。批判意見の発表を自分の所属細胞内に止めるか、直系の上級へ上申するか、その二つしか途がなく、一たび他の細胞や傍系の上級機関に向かつて党中央に対する批判意見を発表しようとすれば、それは党規律違反に問われた。まして大衆に向かつて発表することなど、「自由主義」の最たるものとされた。今の党組織においては細胞もまた人民大衆に向かつて自らその内部をバクロすることのない厚い壁にかこまれた小ピラミッドでなければならないのである。掟を破るものは異端者であり、圧迫され、そのシステムに屈しなければ排除される。「風」発刊の言葉を書いた吉田和夫は「風」発刊の「自由主義的規律違反」を責められ、自己批判しなかつただめに、当初吉田を地区委員に推薦していた地区委員会の委員達が主張して、地区党会議の役員選衡委員会で吉田推薦は取消され党会議の本会議場では、吉田本人が要求しても、推薦 取消しの理由は終に発表されなかつたこれは非公開の秘密裁判と同じ性質のものであつた。

私の考えによれば——それは今も変らないのであるが——新しい革命党は各個人の自主的な同盟体でなければならない。選挙された中央委員会は選挙者に責任を負い短期に改選され、またいつでも解任する事ができる。この最後の条件がなければ中央委員会の決定はやがて進歩をやめ、状勢に適応しなくなつた中央委員をやめさせることも、古くなつた綱領を速かに改めることも不可能になつてしまうのである。中央委員会の決定はただそれが歴史の進歩の道程を示している場合にのみ、大多数の党組識に請入れられ、実行に移される可能性があるというにとどまる。　言論は完全に自由でなければならず、中央委員会は全国的新聞や雑誌へ、どんな意見をのせるかの選択権をもつが、中央機関誌で没になつた場合でも、中央への未提出原稿の場合でも、それを地方党機関紙誌、党外紙誌、及び党 外集会で発表する事は完全に自由である。意見発表の方法のいかんによつて党員を処罰したりする事はできない。

上部はただ下部に対してのみ責任を負い、いつでも解任されうる。党員はむろん定期的に党費を納入し、綱領及び規約（組織原則）を承認しなければならないが、それ以外には規制されない。この規約の前には全党員は完全に平等である。こうして、いかなる理論が客観的法則を表現しえているかによつてのみいかなる理論が大衆を獲得する事ができるかということに結着をつけることができる。革命の諸戦術に伴う、さまざまの大衆組織、例えば、軍事組織においても、他のどのような組織、ソヴエト（コンミューン）のような団体においても、党籍はそれ自体何の特権にもならない。軍隊の指揮官も、コンミューンの代議員も、大衆自身が選挙し、またリコールする事ができる。コンミュンにおいては党員も大衆と同じ権利しかなく、同じ義務を果さねばならないのである。これはごく当り前の事であるが、ソ同盟においては党籍は一つの身分制的特権たりえている。私が将来に想定する党は、高度の技術水準にめぐまれた社会的環境において高度の文化水準をもつた労働者階級が自己の歴史的使命、正確にいうならば階級としての最後の使命を世界史的規模で果しおえる時期の党であるが、つまり党についていえば、労働者階級の前衛党としての最後の党であり、それは、　階級が消滅するずつと以前に自己の歴史的使命を果しおえていなければならない。そのために、党籍が一つの身分制的特権に転化したり、党内での地位が、そのまま身分制的序列を意味したりするようになる危険を絶対に防止しなければならない。そのためには党生活そのものが、たえず自己否定的なものでなければならず、あらゆる党員が自己自身、党内と党外とを問わず、反動的な傾向に対する反対派でなければならず、党内外の反対派に対する許容を前提とされねばならず、それ自身、各々が反対派である傾向の競合を通して、結局、もつとも科学的で見通しをもつた傾向が勝利していくという過程を、党生活そのもののあり方としていかねばならない。

大体、レーニンにしろ、毛沢東にしろ、自分達を一つの党にまで高める以前は、皆反対派分派であつたのであつて、レーニンは公然と党を分裂させたし、毛沢東は中央集権など知らぬ顔で、自分の道を歩んだのである。それなのに一体なぜ、今各国の共産党にみられるような規約が党のために絶対必要かくべからざる大原則であるということになつたのであろうか。私は、規約というものが、運動に携つているものの申し合せである以上、いや運動の任意の部分の固定的表現であるからこそ規約はたえず進歩の障壁に転化しうるということについて、レーニンも毛沢東も（前者より後者の方が一層）自覚が足りなかつたと考える。しかしこれも、単に一指導者の意識の問題にとどまらずソ同盟における官僚専制の勝利していつた過程、世界的に第三インターナショナルがちよう落していつた過程の歴史的考察によつて、はつきりするところである。

日本共産党の六全協そのものは、その後の一連の世界史的事件、フルシチヨフの秘密報告、さらにハンガリー革命の深刻さと較べれば、ほとんどそれは、はじめから、これはくさいぞ、うつかりしているとはかられるぞ、と思わせるようなあやしげな、妥協的言辞をつらね、形式的な体裁を整えたものであつた。

ハンガリー革命（これをはつきり革分として受取るにはしばらく時がかかつたのであるが）は、フルシチヨフ報告がスターリンの個人的罪悪のハクロについての偏執狂じみた熱中ぶりの中にこそ、恐しい疑まんがかくされているにちがいないと私に思わせた。ハンガリーの事件は、ハンガリーの内部ばかりでなしに、ソ同盟の内部のメカニズムをも少からずのぞかせるきつかけとなつた。そのメカニズムはスターリンのもとで育つたものであるが、スターリン自身もまたそのメカニズムによつて仕立てあげられたのではなかつたのだろうか？

レーニンの遺書、トロツキーの「レーニンの遺書について」（これは私がトロツキーの著書を読んだ最初である）、同「暗黒裁判」（この本は私が、レーニンの遺書と「レーニンの遺書について」を読んでばくぜんと考えていたこと、をあるていでときあかしてくれた。なぜトロツキーとその同調者のみは、名誉回復——この言葉の虫づの定る侮辱感は別として——されないのか？　スターリンは後半生に同僚や部下に加えた打撃は前半の粛清の延長線上にあるのではないだろうか？）この時期私は「群像」誌上で行われた花田清輝に対する埴谷雄高の二つの批判、「永久革命者の悲哀」「闇の中の自己革命」を読んだ。

埴谷は花田に語りかける。「幸いにして、われわれの第一命題は一致している。花田清輝が立脚しているのは、勿論、科学である。けれども、本質の把握能力がなければ、そこに現われるのはばらばらの現象にひきずられる無原則な追随主義と羅列主義であつて、ひとりよがりに玩具を弄んでいるその当人だけの喜悦と満足についての病理学的現象を除けば、事物の核心についてこの世界が知り得たところはそこに何もない。認識が基本的な力であり、ひいては組織力であり、変革力であるかぎり、無能なものが言葉の上でだけ科学的と唱えつづけて眼前の事態になんらの照明の閃光をも投げかけていないとしたら、それは組織と革命にかかわりもない擬科学に過ぎない。われわれは与えられた空間と時間のなかに投げこまれて与えられた現実に直面している。われわれが向き合つている現実とは、自然とか社会とか自己とかを加え合わせて総括してもつねになにかがはみでてくるようなものの総体であつて、われわれの視野が鋭い澄明度を得るにつれて、そこに見出される一つの本質と法則の向う例の彼方に、謂わば白い霧につつまれた区劃の垣根を越えてなおさらなる本質のぼんやりしたつらなりが見出されることになる。事物の総体に直面した認識は、従つて、横の拡がりにも未来にひきずられる部分にも一条の鮮やかな閃光が遥かに当て、られるほどの異常な深度をもち、広角で、しかも鋭利でなければ、長い時間をもちこたえて進むもののなんらの指針となり得ない。マルクス主義の基本的な好さは、理論家のみが前衛となることである。革命運動に差別があり得ないのは、このように理論のみが唯一の基礎だからである。無理論の勇気だけで前衛たることはそこでは不可能な筈であつて、理論なしに戦列の先頭にいるものがあるとすれば恥辱である。けれどもまた、輸入の理論の鸚鵡である学者が支配的なところでは、所謂前衛なるものも、屢々、或る古ぼけた言説の鸚鵡をつとめるだけに過ぎない場合があつて、そこでは恥辱は理論についてではなしに列の並び方について起る。このようなところでは、内発的な種類の革命は、腹立たしいことに、前衛自体によつて阻まれる。この前衛自体が変革を阻害している暗い翳のなかにあまりに長くとりかこまれると、デカルト、ニュートン、ライプニッツなどが蝟集して、時代から飛び出るすぐれた飛躍を一方で行いながら、他方神の枠にしばられて自身の飛躍をその枠に調整せざるを得なかつた灰色の時代の歴史、その僅かの一点の打破のために数百年も気長に揺すりつづけねばならなかつた歴史のかたちが、フイルムの二重映しのようにふと想い出されてくる。そして、その前衛達が自身を調整するものについて凝つと眺めていると、所謂前衛達を現在一つの枠にしばつている神は現象らしく思われてくる。眼前に新しい現象がつぎつぎに出現すると、発展と聯関についての分析なしにそのまま受けとられることがあまりに多いので、そこでは生起するその場その場の現象が謂わばすべてを裁き解決する全能の神となり、追随主義と怖るべき無能が前衛達のあいだの動かすべからざる模範となつてしまうごとくである。そこには眼前に現象はあるけれども対象はつかまれていないのだ。主体の判断力がないかぎり、現象はつねに神である。そして現象を支えている現実の奥底のダイナミックな歯車はついに仔細に眺められることも分析されることもないのである。

「この科学的態度に欠けている結果は、革命の目指すものが制度の変革であつて、人間の抹殺でないという重要な方向が何時しか忘れられることになる。そこで変革さるべきものは制度であつて、それ以上は政治のひきうける部分ではないのだ。一人の将軍も軍服を脱げば好々爺と代してしまう。彼がなお軍服の意志をもつて革命に抵抗するのは、軍服を軍服たらしむべき制度がまだ傍らにある見込みがあるときだけである。もし見込みがなくなつてしまえば、彼も新しい制度に適応するにいたる。

ここで注意すべきことは、しかしながら、この制度の変革は必ずしも同時に現実の総体の変革の可能性を意味しないということである。ドストイエフスキイが『悪霊』のなかで適確に指摘したような「地球と人類の物理的変化」といつた自然と人間自体の枠をも飛躍しようとする種類の現実の秩序に就いての変革の渇望と闘いから起るさまざまな問題は、芸術や他の領域にゆだねられこそすれ、政治のもつ力がそこまで到達することはついにない。政治は古き生産関係を変革して新しい制度のなかに人間を置き、徐々に或いは急速にその人間の活動様式と社会意識の方向を変革すれば足りる。ところで、このとき、また制度の副次的問題として注意すべきものに、古き制度と移りゆく新しき制度の二つの体制に跨つて橋となるべき種類の組織と機構の問題がなおある。それは嘗て芽生えたかたちと未来に見出さるべき範形を同一時にとりいれているべき一つの容器であるが、新しい姿勢をもつべきこの容器が屢々その跨つた古き方向へひきずられて自身の目標を見失つた反対物に転化することもあるので、このような組織のあり方は制度の変革のかたちのいち早い予備実験として仔細に注意されていなければならない。組織はもしピラミッドの型に組みたてられると、それ自身の秘密と機構をもつた体系となり、ひとたびその機構へはいつて権力の螺線階段の上を駆け足で踏みのぼりはじめると、その権力の機構をただただ維持するために眼前の咫尺の空間に視界がかぎられ、機構外の広大な事物に対する認識の鋭さと革命性をついに失つてしまうようになる。」「自己革命がもたらす組織のかたちは、謂わば、革命を映す鏡であつて、将来ひきだされるかたちの予備実験がそこに行われている筈であるから、もし革命団体の組織がピラミッドの重苦しさと愚かしさをもつていれば、その意味は重大であつて、そこではあらゆる未来のかたちが否定されてしまう。しかし無能の隠れ家となり、認識を阻む権力の機関となり、革命性を失つたところの革命への組織がそこに厳然と存在してしまえば、部分的な修正をもつてしては、もはやその全体をたてなおすことなど不可能である。」

「変革さるべきものは制度であるという確固たる基準なしに無理論のなかから出発すると、やがてそこにうまれる双生児の姿は、一方に大衆侮蔑、他方には憎悪の哲学である。制度の変革へのたゆみない根強い努力をなし得ないものはすぐ安易な抹殺の道へ導かれるが、その抹殺の基準は憎悪の哲学であり、その抹殺の意志が向けられるのは外部に於ける階級敵と内部に於ける異端であり、そして、その目ずすところはつねに人間のみの抹殺である。しかし、すでに述べたごとく、革命に於ける外部の敵は制度であり、内部の敵は無理論であるとすれば、憎悪の哲学は果たして何によつて支えられつづけているのであろうか。階級的憎悪は理論を与えられれば納得の事態へまで昇華させられるのに殆んど時間を要しない。これに反して、抹殺への意志を固執する憎悪の哲学が、一見理論をまとつて現われ、そして理論に向つて強烈に闘うのは、その真のモティーフを探つてみれば、それが権力に向い、また権力を背後に負つているからである。いつたい権力を背後にもたない憎悪の哲学なるものは可能であろうか。歴史の示すところは、否である。」（埴谷雄高「鞭と独楽」未来社刊中の「闇の中の自己革命」より）

それまで私の頭脳の中に、埃をかぶつて雑然とつめこまれ、忘れ去られていたいくつかの書物の　あれこれの章あれこれの片言隻句が、全く新しい意味をもつて甦つてきた。

民族問題（ソ同盟の東欧政策）を解くためにレーニンの民族問題の主要著作の全部をよみ、マルクスとエンゲルスにも及んだ。

第三インターナショナルの凋落と、ソ同盟の国家制度の史的過程を知るために、トロツキーの「裏切られた革命」、「中国革命論」その他、各種の訪ソ記各種のソ同盟研究、ユーゴーの諸文献　をよみあさつた。

革命の理解のために、マルクスとエンゲルスが改めて重要な研究対象となつた。

私は時代の全き本質把握を遂げることなしには、私自身、進歩に対する反動に転化することは必然と思われた。

それまでに私の書いた党中央への意見書はそれを集め一著作を作つてもあまるほどであるが、私は私の意見を公然たる討論の場所にさらすことを義務と考えるようになつた。昨年の十二月下旬、社会、労農、共産三党の座談会が茨城県のある日刊紙主催で開かれた時、私は、ハンガリー革命に対して、当時の党の公認の見解（その見解はいまも同じであるが）に公然と論駁を加えた。また「われわれは保守党とちがつて総辞職しない」という野坂＝志田らの六全協における責任のとり方（実は責任回避、居直り）を批判した。この時の発言はまだ端緒的なものであつた。

その当時から私はハンガリー革命の手に入る限りの資料を分

析した結果、ソ同盟の東欧政策がきわめて帝国主義的諸特徴――軍事占領、株式の五一％所有による合弁会社の設立とその結果の資源の強奪――に類似していることを知り、ついでソ同盟の内部体制と東欧に打ちたてられた制度の本質の究明を行つたのである。

正月の特集に掲載されたこの座談会での私の発言は党員からほとんど完全に黙殺された。誰もふれようとしない。一国の人民の叛乱についての一つの見解に対して、ほとんど全組織が沈黙をもつて答えたということは、この党が革命的政党として全く無能であることを示したごとになる。私は一県の党役員として座談会に出席した。県党としては、私に県党の意見（それがあるとすれば、少くとも県委員会の意見）を代辯することを、現行規約に従つて強要できたはずであつた。私は明白な規約違反を犯したのだ。しかも私はお目こぼしにあずかつたらしい。そして、その後の県委員会でも何度持ちかけても、ハンガリー問題についての討論は次回廻しの運命にあつた。

また共産党中央機関紙編集委員会が私のハンガリー革命についての論稿を没にした時、同編集委の米原昶は「人民日報」の「ふたたびプロレタリアート独裁に関する歴史的経験について」が出た後では、私の心境が原稿を書いた時と変化しているのではないでしょうか、との意味の手紙をくれて、彼らの心理の興味ある告白をしてくれたことがあつた。

彼らはいぜん自分の理論的無能を、借りものの権威で被おうとしているのであるが、一人の無能な少からずスターリン主義者であり、中央集権的ピラミッドの忠実な擁護者であつた人間が、その反対物に一歩々々転化していくさまを見てどのような感想をもつたであろうか。私の問題提起へのさりげない黙殺と、時折の、「清算主義者」とのあからさまな攻撃が、彼らの新しいものへの本能的畏怖をあらわしていたのであろう。

自分に即していえば私は、私がそれまで、党脱皮のため斗つてきたと考えた私の歩みをも、階級斗争の歴史の一極小部分として客観的に把えなおす必要から、私は、県委員会の過去の腐敗（確も公然と自己暴露を行つていない）に対する錐もみ様の攻撃を加えながら、その革命的外被（それすらもはやぼろぼろであつたが）の下に、権力への意志をひそめた暗い密室の中から自分を引き抜く斗いを開始したのであつた。私はモラリストから科学的認識者へ、現状打開派から革命家へ転化すべく模索を開始したのであつた。

科学を基礎として、時代の省察をやりなおし、やり遂げることと私はそのために同世代の革命家達が、相互に協働できると考え、わけても私は武井昭夫に一つの期待をかけた。

われわれの命題は一致しているかのように見えた。時代の歴史的省察をやり直すこと。ところで、彼が今年の四月東京都党会議で都委員に立候補し、当選した時、武井が党外出版物で党中央を非難したという理由でその当選を承認しない、と規約をたてに中央常幹から圧迫された。そして党外出版物「中央公論臨時増刊」で中央を批判したことについて「党外に発表した点はまちがつていたが、自分の意見は正しい」との自己批判書（？）を出して、辛うじて都委員として止まることができた時、私は彼のゆるやかな転回、危険なのめりこみの第一歩が始つたことを感じた。私は、形式的に「自己批判書」を出して都委員に止ることによつて、今後の斗いの地歩を確保しておく、「意見を曲げるわけではない。その発表方法のまちがいをみとめるだけだから。」という彼の言葉に反対した。　どんなものにせよ、発表の場所によつて、意見の正否がきまるのではない。むしろ都委員をやめさせられて、彼を支持して投票した人々に対して、彼を排除しようとする現存秩序の本質を公然とばくろすることとこそ、真に責任を果す道だと話した。そういう批判を行つた者は、彼の知友の中でおそらく私一人であつたろう。革新派といわれる彼の都委員会の同僚達は「なに、一筆書けばいいんですよ」と彼にすすめたのであつた。彼は正しいと信ずる意見をピラミッドの内部にのみ閉じこめてしまう現存秩序に妥協した。歯に衣をきせずに言えばそれは彼が、野党から与党へ転化する可能性を選んだことであり、その転化の暁には、彼自身も又、同じ秩序の護持者になる以外にないことの無慙な転回であると私には思えた。

ほぼ似たりよつたりの時代的経験を共にした同世代の革命家達の中では、しかし、多分、私が最初の武井に対する公然たる批判者となるであろう。私の苦い悲哀もそこにあるのである。

そうだ。恐らく武井昭夫をはじめ同世代の革命家達に対する厳しい問いとなるべき、この論稿を書きつづるに当つて、私は深い感慨をおしとどめることができない。

私が六全協以前ほぼ一年半、共産党の地区委員であつたことに、私は言い知れぬ恥辱を覚えるのであるが、六全協を迎えた時、武井昭夫が、誤つた組織の中に身を置く余地のなかつた批判者として、そこにいたということは、私にとつて一つの厳しい問いとなつた。

徳田、伊藤、志田、野坂、椎野、ぬやま、春日（正一）といつた集団に対する批判的党派として存在した全国統一委員会が解散した後——私は統一委の茨城県の責任者に選任されていたのであるが——比論的にいえば、私は私の平和擁護斗争における全実績をひつさげて、党への復帰をたたかいとつたのである。

しかし私は個人的批判者でなく、統一委という組織を作つたことについて、党の分裂の一方の原因を作つたと書いた時、すでに私は、私の革命家としての立場に一つの危険な変更を加えたのであつた。

党分裂について潜行九幹部の責任を追求し、新綱領（あの愚劣な反封建綱領）、規約草案に対する批判意見を持して譲らなかつた私達の復党を、当時の党は容易に肯んじなかつた。しかも私は公然と極左冒険主義に反対しつづけていたために、党から憎悪されていた。東京では決してみられなかつたことであるが、いくつかの地方では、私達のような批判者も、ある力関係の微妙な作用の間隙から、再び党籍を得ることができた。

私はその当時、一つの戒律（何とストイックな匂いの言葉であろう）を自分に課した。それは、自分の信じたことは、かくさず、断乎として主張しつづける、ということであつた。ピラミッドの中で、内部から、壁をたたきつづけ、ついにはそれを変革しおおせる（どのように？　ああ、なぜこの問いが、全面的に展開されなかつたのであろうか）という、いわば悲愴な決意に裏づけられていた。私はこの戒律に忠実であつた。この戒律は（笑う勿れ）、党分裂の中で私が獲得した第一の教訓であつた。

復党につづいて私が激しく斗つたのは、極左冒険主義と、山口武秀氏らの除名に反対してであつた。

しかし、戒律はやはり戒律にすぎず、科学を前提とした透徹した知性と、認識力の広大無辺さによる落ちついた確信とは自ら質の異るものであつた。私は党の統一は絶対に破壊すべきではない、ということを遂に認めたのであるが、それはとりもなおさず、私の理論の限界、認識の狭隘さの結果であつた。私は党外に対しても、いつでも自分の意見はかくさなかつたのであるが、私が党の中央集権主義の内部から籍を与えられていたということは、私が現存秩序と全く異質のものとはいえないということを意味した。一度その中へ入り、その上からの秩序をみとめてしまえば、転落はただ時間の問題であった。

　私が六全協以前神山スパイ問題が起ったとき、一九五〇年の党分裂との本質的同位性をみることができず神山の否定的傾向のみに目をとめ、分派主義者として彼を非難しさえしたということ、その一事をもって、私がいかに自己満足的な保守的傾向に陥っていったかを説明するに十分である。私は変質しはじめていた。私は自分に戒律を課したが、たえず、未来を探究し、未来からの光による自己省察を行い、自己否定をつづける革命的姿勢をもってはいなかった。（註、神山をすぐれた認識者と現在考えているわけではない）

　私に手ひどい侮辱を与え、私の蒙昧な頭脳をこっぴどく、打ちたたいたのは、六全協であった。県ビューロー、責任者針谷武夫は、「今度分派という経歴はきえて、除名されていた分派時代も一貫して党籍を持続されることになった。喜んでもらい度」との伝言を私の妻を通じて伝えた。私は、逆に、それではそう易々と私の経歴から分派の二字は消せないぞと思ったのである。私は、その迄の党内の論争の中で私達が遂にこんな決議とこんな事態（一口にいえばそれは唾棄すべき妥協であった）しか生めなかったのかと自分を嘆ったのであるが、同時に六全協と、それを生み、またそれが生んだ全事態に対して鋭く身構えたのであった。

　類似を同一と言いかえることはできないが、武井がいま入りこみつつある地点と方向は、私がかつて入りこんでいった地点と方向に類似している。彼は危険な方向、革命家が革命家として責任を負うことが絶対できず、研究と思索の正常な発展が完全に阻止されている中央集権的ピラミッドの中に、入りこみつつある。狭く閉ざされた、頂点のみに視界の限られてしまう組織の中に自分をおいてから、間もなく二年を経過しようとしている。

　私はこの論稿をおわるに当って、時代的苦悩を共にしてきた同世代の革命家達への、いいしれぬ友情が、私の内面にぬきがたくあるのをたしかめて、深い感慨にとらわれている。

　私は、武井昭夫が現存秩序の内部へ少しづつのめりこんでいかざるをえないその姿勢を批判しなければならない。これは私の理性の命ずる理論的要請である。

　しかし、私は武井の生活、その苦悩と苦斗の量と質、その思索力と、他への浸透力、何にもまして、その革命家としての清冽な魂の得難さを知っているから、この批判を発表する、私の心理的状況は表現したがたいものがある。私の芸術的表現能力は、私がこの批判をやりとげるに当っての、私の感慨の量と質に及ぶべくもないのである。

　だが、時代の歴史的考察をやり直し、やり遂げるための同世代の革命家達の協働はある極小部分ではすでに開始された。武井昭夫も遠からず、その知性の稀な透徹力をもって、この課題の解明に参加するであろうことを深く心に期している。

　私は、最後にもう一度、いまだ内部の苛烈な触発力を失っていない同世代の少からぬ革命家達に向かって、言おう。

　あなた方は、大衆に対し、また革命闘争場裡に新しく登場しつつある若い世代に向かって、いかなる自身の展望とプログラムを示そうというのか。果してどのような問題をひっさげて、どこからどこへ行こうとしているのか、と。

五七、一〇、四

編集後記

※ボリショイ・バレエと、人工衛星と、日本共産党党章と……この三つの話題をとりあげて、編集後記をデッチあげようと考えていた。しかし、仲間から再三、再四、促されながらも、ギリギリのしめきりまで、わたしは筆をとることができなかつた。バカらしさがさきにたつてしまうのだ。

※ボリショイ・バレエを、わたしは三分の二ほど見て、出てしまつた。いろいろな事情でたまにしか会えない恋人と一緒にみたのだが、それよりも、二人だけで、未来の設計でも打合せた方がよいと考えたからだ。わたしはその夜、不愉快な別れ方をしてしまつたので、いまでは猛烈に「自己批判」しているが、それにしても、途中で劇場をとびだしてしまつたことを、悔いる気持は皆無だ。何故なら、わたしはそこに、現代の芸術をみることができなかつたのだ。予期していた事だ。その理由は、芦原英了、中原佑介のボリショイ批判をよめば、おゝよそはわかる筈だから、わたしがいう必要はあるまい。たゞ一言だけ。芦原はともかく、中原のような若くて生きのいゝクリチストが、ソ同盟の「芸術政策」（というものがあるんだから、まことに奇怪だ）にふれずに、批判しているのは、たゞしくあるまい。ソ同盟の「芸術家馴らし」にふれていくなかで、マルクスの上部構造論まで、批判していくことが、前衛芸術家の今日的な課題であるような気がする。

※一口でいえば、いつさいを階級性で意味ずけていくことに、わたしは反対なのだ。髙橋義孝との除村吉太郎、佐々木基一、花田清輝らの上部構造論争のなかで、左翼がいかに苦しまぎれな発言をしているかをみれば、上部構造論の無理さはあきらかだ。「歴史とは、階級斗争の歴史である」といつたことだけで、歴史を正確にとらえることができないことも、日本のこゝ百年ほどの歴史をみるだけであきらかなのではないか。上部構造こそが、下部構造を完全に決定している事実だつて、ソ同盟をみればわかる筈だ。

※わたしの友人には、人工衛星がソ同盟の社会主義の正しさを証明したかのように考えてあわててしまつた奴もいたが、いつたい、科学そのものに、階級性があるのだろうか。キャロル。リードの「第三の男」に登場する闇屋の男は、いつたものだ。「イタリアでは、血と暴力と貧窮のチェザーレ・ボルジア治下でミケランジエロや、レオナルドや、ルネサンスを生んだ。一方、五百年の民主と平和と友愛のスイスは何を生んだか。鳩時計だとさ」わたしはオーソン。ウエルズ扮するこの闇屋の親分を支持しているわけではないが、この言葉は、わたしの気に入つた。そうだ、芸術や科学の進歩は、生産手段の進歩と深いかかわりを持つが、体制としての下部構造が、それを決定するわけではない。ボルジア体制のなかからレオナルドが出ることが不思議ではないように、われわれの否定するソ同盟から人工衛星が打ち上げられることも、不思議ではないのであり、米ソの関係云々といつて騒ぐのは、近代科学そのものにとつては、まつたく無意味なことだ。

※ところで、階級といえば、党章の問題だ。わたしはバカらしいとはしめにいつた。それよりも、恋人とのランデヴーの方が急ムだといつた。たしかにそのとおりだが、だからこそ、そういう程度の低い党章をいつそう現実的に問題にする必要があるわけだ。それでよいわけはないのだから……。

※それでよいわけはないから、われわれはこの雑誌をだす。大池のもので武井昭夫の問題がだされているが、はかに、高知も武井にふれた文章を書いた。武井をめぐつての討論も二度ほどひらいた。われわれの再三、再四の呼びかけを武井は黙殺している。わたしは、武井昭夫も又、スターリン主義者であると断言しておこう。第三号に、そのことを書くつもりでいる。（高知）

第3号

◉1958年10月1日発行

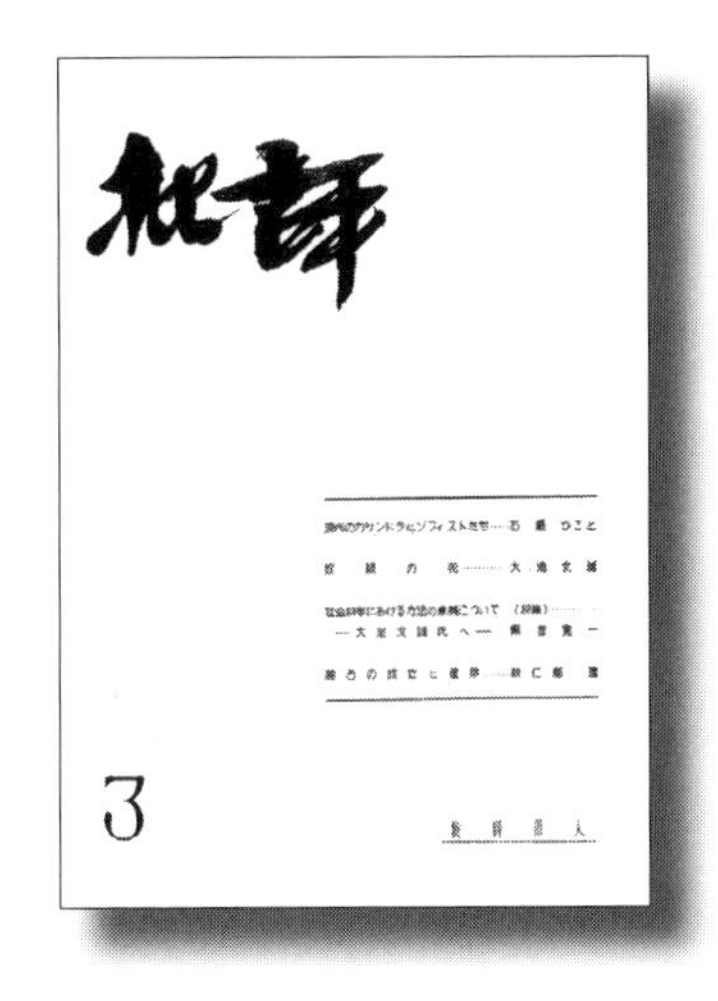

「しまつた、しまつた」

「新日本文学」に八回連載された、中野重治の「中国紀行」は、新中国のお国ぶりの良さ、中国人の素朴な人間らしさ、発剌とした生産的息吹きといつたものへの受身な共感に満されている。そこではすべてが悠揚たる大河の如く、流れるべくして社会主義へ向つて流れているといつた、全的肯定の態度（正確には気分、端的には盲目的信仰）が全篇の基調となつている。

中野は、北京からの帰国の汽車にのりこんだとたん、スメドレーの墓に詣でることを忘れたことに気づき「しまつた、しまつた」と思う。彼は自分の小説に、その墓碑銘が朱徳の筆であることを書いた。彼がその墓に行きたかつたというのはそのことに関連しているらしい。

しかし、スメドレーが朱徳たちと寝食を共にしていた当時の朱徳は、紅軍の総司令ではあつたが、今のように元師ではなかつた。エドガー・スノーの「赤い中国」を読んでも、また他の史実に照しても、革命前は、少くとも形式的には紅軍に位階制はなかつた。戦闘指揮の序列はあつたが、衣食は隊長も一兵卒も同等だつた。

アグネス・スメドレーの「女一人大地を行く」を読むと、彼女の前半生は、凡庸な女性の生き方をはるかに抜き出ており、全人間的な自己発現をめざす、すさまじい現実との体当りの連続であつた。彼女の不羈奔放な精神は左翼を含むアメリカのどこにも、安住の地を見出せなかつた。

スメドレーの「偉大なる道」を読んでいない私は、中国紅軍と、その朱徳総司令に対し、彼女がどれほど人生を共にするに価するものを見出したかは定かでないが、スメドレーは西遷の途上で、果して後の朱徳の元師叙勲に想倒しえたであろうか。

胡風は毛沢東の文芸講話を、文芸を切る五本の刀と評して粛清された。胡風の反革命陰謀云々と発言した中国政府は、得心のいく証処を何一つ示しえなかつた。

「百花斉放」はみんなにしやべらせて、右翼分子を摘発するための手段だつた、との周揚の先頃の論説は、嘘も方便、社会主義のためには、一時人民に嘘をついてもいいということになるのか。

丁玲の追放は、中国の現政治体制が、独立した批判精神の存在や、独立した集団を許しえなくなりつつあるということであろう。

社会主義は経済や物質的成功以上のものである。精神の危機は社会主義の危機である。

中野はこれらへの回答を探ろうともしなかつたのか？　中野はあこがれの中国で、まるでおのぼりさんのように物を見、人に会つてきたのか？

素朴な楽天主義は人間的たらんとする意図に寄与することはない。一昨年十月ハンガリーの労働者評議会がソ軍に踏みつぶされた時、臼井吉見に向つて、中野は何と云つたか（中央公論臨時増刊）「片方で火事をひろげるやつがいる（いわゆるホルテイ派のことをさす）…何としても火は消さなければならん」。苦しまぎれのお粗末な比喩でごまかしているが、事実をまじめにしらべた根跡は皆無である。たしか、朝鮮戦争と日共の徳田ら九幹部の少数派をおいてきぼりにしての地下潜行とをひつかけての、共産党関東統一委員会（国際派）のある集会での、ある人のもちだした火事と消防自動車の比喩に対し、中野は「比喩はあくまで比喩で、事実の論争にならん」といつて相手を一蹴したことを覚えているか。私は覚えている。

ナジは秘密裁判で殺された。ポズナン暴動の場合には、蜂起者は無罪放免されたが、ハンガリーではタスによれば外国から落下傘で降下したといわれるホルテイ派の連中が、どこかで大量に革命裁判にかけられたという話はついぞきかない。そんなホルテイ派がどれだけの力をもつていたか？殺されたナジやマルテルはカダルがソ軍に屈服するまではカダルの同僚ではなかつたか。中国共産党の東欧政策は？　国内政治は？

文明批評の欠けた紀行文。中野よ、あゝ何とつまらない。

招待外交の招待旅行ということも、その旅行での中野の受容的態度も、全く醜悪ではないか。

一九五八年九月廿日　大池文雄

現代のカサンドラとソフイストたち

石垣ひこと

1

しばしば、ひかれる言葉がある。

フランス革命についての書物は一つの国民図書館の一方の壁を埋めるだろう。ところでロシア革命についての書物は、一つの国民図書館のすべての書架を満すだろう。

つい最近にも、私の知るところですら次の三冊、アイザック・ドイッチャー「変貌するソヴエト」、ジョージ・ケナン「ソヴエト革命とアメリカ」が、みすず書房から、バートラム・ウルフ他「ソ連社会の変遷」が時事通信社から出版されている。まして、外国の文献までみてみれば、相当な量になるであろうし前にひいた言葉はあながち誇張とは言えないだろう。

ところで、前二者は出版社の関係からか、比較的によく知られ、また読まれているらしいが、「ソ連社会の変遷」はあまり読まれていないようだ。これは、昨年六月オクスフオード大学で開かれた国際ゼミナールの報告のうち、幾つかを緒木正道氏が編集飜訳したものである。「社会社義から共産主義へ、移行しつつあるソヴエト」という、フルシチヨフのテーゼを頭から信じこんでいる人でないかぎり、興味ある書ではないか、と私には思われる。もちろん、私には私なりの言いたいことは沢山あるけれども……。

現代の革命家たちが解決をせまられている問題は、実に沢山あるが、そのうちの最も重要かつさしせまつた問題の一つに、「ソヴエト社会の基本的性格」がある。「正統派」マルキストでなくとも、興味を持たぬ人々から見れば、そこでたたかわされている議論は愚かしいスコラ談議であるかもしれない。しかし、それがスコラのように見えるのはただ外観上のことにすぎず、すぐれて実践的な課題である。それにもかかわらず、わが国におけるソヴエトについての科学的研究は、戦前における官憲の強圧とそれに対する抵抗の様式、戦後における「正統派」マルクス主義の繁茂とによつて、ようやつと始められた――という状況である。言つてみれば、殆んどの人がみなアマチュアにしかすぎない。私もまた一個のアマチュアにしかすぎないけれども、またその文章は稚いものであろうが、この事態がすこしでも早く改善されることを願い、「ソ連社会の変遷」を紹介しながら、私の考えていることを若干のべてみようと思いたつて、これを書いてみた。

「ソ連社会の変遷」は、次の六つの報告が収められている。

(一)、バートラム・ウルフ「ソ連体制における専制政治の強固さ」
(二)、マール・フエインソド「ソ連権力の構造からみた諸変化」
(三)、レーモン・アロン「ソ連社会と自由の将来」
(四)、マックス・ヘイワード「自由への可能性――動揺する作家たち」
(五)、H・ワトソン「革命の様式」
(六)、ダニエル・ベル「ソヴエト的行動の社会科学的予見――その実体をさぐる十の理論」

このうち、ヘイワードとベルの報告を私はとりあげないが、やはり、それらは他と同じく興味あるものである。特にベルの報告は、今後ソヴエト研究をしていくうえで、とても便利ではないか、と考えられる。

2

　現代の全体主義は比較的閉鎖的で保守的な社会の一つである。それは強力な自己保存的な制度をもっており、自分の意志によるものであろうと、他から押しつけられたものであろうと、変化がおこりかけるとそれを吸収し同化してしまう。(「ソ連社会の変遷」一四頁)

「ソ連体制における専制政治の強固さ」という報告のなかでバートラム・ウルフはこのように言っている。もし、これをそのまま受けとり、さらに押し進めると「現代の全体主義」(スターリニスト・レジームをウルフはこう呼んでいる)は、内部からも外部からも、その体制に衝撃を加えられても、制度的変革に至ることはない。すくなくとも異常に困難である――と言うことになるだろう。ここから、東欧、ロシア、中国を戦争に訴えてでも解放すべし――と言う行動のプログラム提出まではたしかに大きな飛躍がされねばならない。しかし、その飛躍はただの一回の飛躍ではなかろうか。

　ウルフの提出しているのは、西欧とアメリカの団結――言いかえればNATOの強化であるのだけれども、NATOは彼の考えているように「神聖」なものだろうか。

　もちろん、ウルフをダレス兄弟のイデオロギー的御用掛と論断するのは性急にすぎるし、誤ってさえいるだろう。彼はNATOを合理化している。それはたしかだ。それだけをもって、「裁断」してしまうなら事は簡単である。むしろ、なぜこのようなことが言われるのか――そこに大きな問題が含まれているのではなかろうか。

　ウルフの前提とするのは、かの高名なウイットフォーゲルの「アジア的生産様式」、「アジア的専制主義」である。「相対的な意味での開いた社会と閉じた社会とを区別すること」が、まず才一に必要である。この「閉じた社会」に共通しているのは「単一中心の権力を持つ経営国家であって、独立の社会的階層や財産の形態が欠けていることである。」西欧も絶対主義を経たが、それも「多元的中心制度」であったし、また比較的短期間存在したにすぎない――とする。

　しかし、この歴史的抽象はあまりに抽象的すぎて、私には絶望にちかい感情をいだかせる。すこしでもアジアの歴史(中国でもインドでもよい)を具体的にみる時、この抽象はなにかの役に立つだろうか。「アジア的」という言葉は、アジアの歴史のなかでは無駄話の材料にしかならないのに。ウルフは悪しき西欧の慣習、つまり、なにごとも西欧的諸理念を通して眺めるという慣習に落ちいり、豊かな歴史を不毛の抽象に変えてしまった。

　遠く数百年の昔までさかのぼりソヴエト社会の基本的性格を不動性をもって特徴づけながら、他方では、ソヴエト社会が一度は革命されたのであり、また現実に激動しつつあるという事実に眼を閉ざすことのできないウルフは、ソヴエト社会を「永久革命」のなかにある、と言う。だが、その「革命」は「アレクサンダー大王の農奴解放」と同様、常に上からの専制的権力によるものであるとし、彼の前提は守られる。不断の革命のなかにありながら、永久に不変的である――これがウルフの方法なのだが、この様な神秘的な言葉はなにごとかを「黙示」する場合には、有効だろうけれども、事態をレアルに把握して理性的な行動の指針とするには不適当ではあるまいか。

そう言えば、彼バートラム・ウルフは「私のようなカサンドラ」とみずから呼んでいる。では、奸計をめぐらすオデユッセイは、裏切られたアポロンは、勝ち誇るアガメムノーンは、いったい誰の役なのだろうか。現代のトロイの市はいずくにありや？ところで、マイスキユロスによれば、カサンドラを奴隷として凱旋したアガメムノーンもまた妻クリユタイメーストラの奸計に殺され、カサンドラも共に仆れるのだが、殺害する女の役は誰なのだろうか。

現代のカサンドラの予言は、その役どうりにペシミスチックである。

> 国内で譲歩を求める勢力が強くなり、別個の有効な団体組織を作る道が開けてくるかもしれない、と考えこむのは自己偽瞞である（同上書三七頁）。

未来永劫、ロシアはロシアであって、「雪どけ」は偶然の偶然であるか、クレムリの奸計であり、必ずやそこには木馬が残され、この木馬こそ不吉をもたらす。死に至るまで、怪物と斗うべきであり、休息も、どんな「協定」も望みえない——とバートラム・ウルフは西欧と「自由世界」に警告する。

しかし、現代のカサンドラは神話のなかの女予言者より幸福のように見える。すくなくとも、その予言に耳を傾ける人々が相当ある上、そのなかには「自由世界」の権力のトップ・レヴエルにいる人々もいるにちがいないのだから。

3

バートラム・ウルフが、すべてを予知しながらなに一つ信じてもらえぬ悲劇の主役であるのに対し、「革命の様式」の報告者、H・シートン・ワトソンは、冷静にソヴエト社会を眺め、そこで演じられている事象を冷たく批判することを通じて、結論をひきだす。

> ロシアでおこなわれたのは、労働者の国家の建設ではなく、国家が先導となつてなされた工業化であつた。（同上書一五三頁）

工業化の道は西欧での道より過酷であつたが、その原因は「労働者がかれらの利益をまもる手段を有しなかつた」ことにある。なるほど、スターリンの指揮下に行われた工業化は過酷なものであつたし、生きた人間の情熱をすりへらし、喰いつぶし時には絞殺さえもしたのであつたし、幾百万、幾千万の人々が偉大な革命をなしとげながらもみずからの手に権力を確保することに失敗したという事態のなかで進められたのであつたし、逆説的に言えば革命と同じ程度に「破壊的」だつた。たしかにその通りではある。しかし、ロシア、ないしソヴエト労働者階級の無力、無気力、またそれを生みだしていつた無定形状態がいかにしてもたらされたか——の歴史的分析がなされないならば、正しく現実に接近することが可能であろうか。また、西欧の労働者階級の経て来た道及び現状を「自由」と「豊富」をもつて総括してしまうのは正しいだろうか。

この工業化の過程で、「国家ブルジョアジー」とでも呼ぶべき社会的上層部が形成された。「ソ連は資本主義の国でもなければ社会主義の国でもなくて全体主義の国である。」「ソ連は共産党によつて支配されているのである。」共産党の幹部は「国家的ブルジョアジー」から多く出て、その気質・生活態度・情緒の深い影響を受けているが、「党機関は意識的にこの気質を抑圧」し、「社会的グループが結晶するのを防ぐために、社会を流動的に保とうと努力している。」（同上書一五八頁）。しかしながら「この全体主義という国家組織は……反動的で

あり、非啓蒙主義的である。」（同上書一六〇頁）

ワトソン教授もその「反全体主義革命」の展望については、暗い感情を抱く。

不満がどのように瀰満し、あるいは瀰満するにいたつても、このネオ・スターリン主義国家に対しては、なにごともなしえない。これについては、ハンガリー国民がその回答を出している。軍隊という従僕の忠誠はどのような国家制度にも匹敵した強さをもつている（同上書一七九頁）。

しかし、ブタペストを踏みくだいた戦車はハンガリーの戦車ではなく、ソヴエト軍――その兵士のなかにはベルリンで蜂起した旧ナチ・ファシストと斗かつていると教えこまれ信じているのもいた――ではなかつたか。叛乱がワルシヤワやブタペストではなく、聖なるレニングラードで始まつた時、軍は――元師服に身を飾つた将軍たちは別として、「灰色の服を着て暗い顔をした兵士たち」は、いつたいどういう態度をとるだろうか。彼ら兵士たちは誰の言うことにより多く耳を傾けるだろうか。もちろん、それは状況による。そんな事態は社会体制の本質から言つて不可能であると断定するならば、また問題は別であるけれども。

ワトソンは明瞭に問題を提起する。

すべての民主々義者にとつての将来の施策には二つの主要な問題の組合せがある。すなわち、いかにして、非ソヴエト世界での全体主義者による革命を防ぐかということといかにすればソヴエト世界での反全体主義革命が援助されうるかということである（同上書一七九頁）。

ところで、この明瞭な命題を

今世紀の前半における最も重要な課題は、おそらく社会的経済的なものであつたろう。しかし、それらを最終的に解決することは不可能である（同上書一八四頁）。

というワトソンの観察と組合せ、較べ考えてみるとき、私には重大な疑念がわいてくる。

「西欧は停れ、ロシアは変れ。」

これがワトソンの願望ではないだろうか。

西欧とロシアの他に、何億という人々が生活している。ワトソンはそれを忘れないのだが、このアジア・アフリカの人々、特にインテリゲンチヤに警告を発する。西欧には革命の将来おきる可能性はない。農民は歴史上彼ら自身の革命はなしえなかつたし、インテリゲンチヤは社会と、また国家の運命と共にする。労働者階級は強固に組織されているけれども、彼らの願望は生活の向上であつてクレムリの「革命」ではない。イタリアフランスでもそうである。唯一の可能性は深刻な経済恐慌の場合だが、その状況の下では労働者階級の組織的紐帯はたち切られ、権力はファシストに移行する可能性がより大きい。だがアジアとアフリカは事情が異る。

そこは煮えたぎり揺れ動いている。四十年前ロシアが持つていた条件が形をかえて存在する。「知識階級と大衆、都市と田舎」の矛盾が大きく、インテリゲンチヤは教育がありながら職もなく飢え、国家的活動から疎外され、無能な封建勢力の支配とその際限ない堕落は彼らを絶望に落しいれている。このことは、彼らをして無責任なデマゴーグになる道を選ばせる。ロシアとその道は彼らに「夢」を与える。そこでは、国家的発展と彼個人の利益とが一致するにちがいない。ロシアがウズベク人やマジヤール人をどう扱つたかを、彼らはわざと忘れてしまう。

ワトソンは言う。「スカルノよりもヌリ・パシヤを！」

後進国における全体主義革命の回避ののぞみは二つのギヤツプ（知識階級と大衆、都市と田舎）をせばめる能力いかんにかかつている。……。

ところで、最も必要なのは政治的安定性である。社会的経過がうまく進行し、農民が教育を受け、プロレタリアートが労働者階級となり、知識階級が他の諸層と融合して全体主義的でない一つの国家ブルジョアジーを形成してしまうときまで（同上書一八〇頁）。

もし、アジア・アフリカの人々がこの必要な時を忍ばず、西欧を憎悪しロシアの後を行くというなら勝手にしなさい。

これがワトソンの展望であり、プログラムである。アジアにおける唯一の例外は、日本である。日本は全体主義革命の原因を根本から除去することに成功した——と言う。

ワトソンの分析は「熱ぽさ」を持たず、きわめて冷静である。しかし、私にはかえつて嫌悪をおぼえさせる。その観察の皮相さと俗流さ——冷たい顔の後にはアジアに対する侮蔑がかくされている。自分で自分のことは決めていくことに夢中になり、情熱をもやし、大きな苦悩をなめつつある人々に、ワトソンは「冷たい」憎悪を抱いているようだ。

東欧における革命の危機は存在しつづけ、他方、クレムリ内部の権力斗争の続行は、指導者たちを冒険——破滅的な戦争を伴う西欧世界の征服へかりたてるかもしれぬ、と彼は考え、西欧の一体化を、言いかえればNATOの強化を強調して、ワトソンは彼の論述を終えている。

4

「ソ連社会の変遷」に収められている六つの報告のなかで、最も優れていると私に感じられるのは、マール・フェインソドの「ソ連権力の構造からみた諸変化」である。

スターリンの死後、その後継者たちは次の諸前提から出発した。すなわち、1、基本的課題と長期目標における一致、2、党の一枚岩的団結の維持、3、秘密警察のテロルから指導者を護り新たな独裁者の出現を防ぐ、4、テロルの改善と公衆に対するテロルの統制、5、行政機構の合理化と能率化、そのための若干の非中央集権化、6、経済上の大衆に対する若干の譲歩7、農業の急速な発展、8、文化面における硬化現象の排撃と他方では党指導者の権威の擁護——であつた。

はじめられた「集団指導制」は、「もし寡頭統治者の間に権力が真の意味で配分されているならば、統治者たちが重きをおかざるをえない利害の均衡がそこに生じ、それは現実には、政権にたいする支持の基盤を拡大し、一人統治のいかなる体制にもまして、ソ連社会の多元的な利害が効果的に代弁される保障となるであろう。」（同上書六二頁）

ただし、この見とおしは「統治形式（集団指導制を指す石垣）の安定を前提」として、「もつと伝統的な全体主義的政権となるなんらかの可能性」を意味するにすぎないとされる。

また、なお急速に進められるにちがいない工業化は「国家中流階級」、とくに技術インテリゲンチヤの増大をもたらし、かつそれは政治的にも社会的にも大きな作用を及ぼすにちがいない。一方では「実用主義的思考」と党や政府の指導に対する実用主義的要求を育てあげ、その結果、「マルクス・レーニン主義」の思想的純粋性、正統性への信仰の低下をもたらし、教義の放棄ないし修正がはじまつていき、やがてそれは現実の社会生活・政治生活に反作用を及ぼしていくだろう——。このフェインゾドの考えは、たしかに考えられぬことではない。しかしそれが現実化するには大きな政治的・社会的変動が必要であろうと思われる。そのためには、一度のテルミドール反動では充分ではない。誰の眼から見ても反革命である変動を経なければならないだろうと私には考えられる。他方、教育ある人々の増加は「批判」を生育する。こうした錯綜し、複雑な形態をとつていくだろう――。

そして最後にフエインソドは、スターリンの死後、「せんさく好きな精神が姿を現わし政体が永久に封じておきたいような質問を発しはじめ」、指導者は限界を越えて進もうとする人がひとり現れただけで反撃に転ずるだろうが、「しかし、五十年近くも新しいソ連人として条件づけられながら、その後にいたつてもなお、限界をさぐり、あえて堺界を越える人々が見られるのは、たしかに心強いかぎりである。未来は彼らのものだ、と信ずることは期待しすぎるであろうか。」と結んでいる。

「ソ連社会と自由の将来」という報告のなかで、レーモン・アロンはおよそ次のようなフエインソドと同様な意見を述べている。

暫定的な結論としては

1、ソ連の社会的基盤における全体主義の必要がますます減少しつつある時、体制がますます全体主義的な傾向を強めつつあるというのは正しくない。

2、にもかかわらず、ソ連の経済制度と政治体制の主要な様相がスターリン時代とは変化したとすることは真実ではない。（同上書一〇七～八頁）

また、「ソヴエト体制は崩壊なくして根本的に変化しうるかまたそれは、いかなる自由を許容しうるか。」という基本的な課題については、

1. 市民的権利の保障は英国の市民と同程度の保障をソ連市民が享受することは不可能にせよ、その程度は一定不変のものではない。

2. 工業化されたソ連社会の市民および指導者が正統性よりも能率を問題にして、そのドグマをすてるかもしれぬと言うことは許される。

3. ソ連の市民が、党内における種々の分派の発生、またおそらくは多数党制の出現の結果、国家主権に参加する権利を獲得することは、いかなる事情があろうと、現在予知できる限りでは、こうした可能性はない。

というのが、アロンの結論的な見とおしである。

フエインソド・アロンと、ウルフ・ワトソンとは対立しているが、前者のほうがより現実に接近していて、説得力がある。楽観的すぎる――と言えば言える。

また、彼らの言つていることを露骨に要約してみれば、――いましばらく政治的安定性が続くことによつて、その全体主義的統治の方法と機構とが合理化され、マルクス主義のドグマが事実上放棄され、また指導者たちが西欧と仲よくやつていきたいと考えるようになつてほしい――ということになる。つまり彼らの願望は「率直に与えられている現実を承認して冷静に事態を判断したうえで、現状維持をはかる。」であつて、「現状維持」など絶対に受け入れられない私には、とうてい肯きがたい。

両者の見とおしにおける対立が、学問の領域から国際政治の領域に移されると、「封じこみ政策」と「巻き返し政策」との対立となつて来るのかもしれない。

ここにあげた対立の他に、細い点での相違や対立は数多くあるが、これらの研究者すべてに欠落ちている点があり、私にはそれが不満である。それはおよそ次の三つではないかと思う。

一つは、西欧世界の不変性、したがつて西欧的諸理念の唯一完結性を前提としていて、この前提そのものの厳密な検討をしていないことである。ソヴエト的世界と現代の西欧的世界とがどれだけちがつているか、どのように相互が異質であるのか、またソヴエトはどれだけ、どのような道を通つて西欧に接近できるか、それが不可能であるとすれば、将来はどうなるか――という発想方法が共通してとられ、この発想方法そのものを検討することがない。西欧それ自身の持つている問題をいかに解決していくのか、という問題意識は実に稀薄であつて、いかにして両社会体制が変革されていき、世界が解放されるだろうか――このような姿勢が形づくられていない時、はたしてソヴエト社会の真実にわれわれは肉薄することができるだろうか。

才二には、マルクス主義についての知識がいずれも貧しいことに驚く。マルクスの著述は現代のソヴエトの政治体制を合理化し強化しているものとばかり思いこんでいるようだ。しかし「ゴータ綱領批判」や「フランスの内乱」、また「内乱」に寄せられているエンゲルスの序文は、いまなお現代のソヴエト社会を震憾させるだけの破壊力を持つているのである。「聖アウグスチヌスは聖トマスの解説を要す。」という中世カソリック教会の聖職者への命令があるが、現代ソヴエトにおいては、「マルクスはスターリンの解説を要す。」という状況がつい最近まであつたのであり、それはいまだ完全には解かれてはいない。将来において、「資本論」や「内乱」や「経済学・哲学手稿」が、宗教改革運動において「パウロ書簡集」が果したと似たような役割を果すかもしれない。現体制の形成されてきた特殊な諸事情は、マルクスの著述と体制とのダイナミクスを解くことを要求しているのである。

才三は、ソヴエト社会が形成されて来た歴史の分析がどの報告でも、きわめて不充分である。報告者たちは、歴史を灰色に塗りつぶしてしまう。誰が斗い、勝利し、あるいは敗北を喫したのか。また、その原因はなにか。その結果はなんであつたか。一九二四年から二九年までにわたつて展開された、スターリン派と左翼反対派の死にもの狂いの政治斗争の本質が明らかにされていない「ソヴエト研究」は、なんの意味があるのか。そうでないかぎり、一方ではすべてを「状況の圧力」に帰する悪しき客観主義か、他方ではすべてを「スターリンの邪悪なる意図」に帰する悪しきモラリズムに分極するか、大粛清は、ただの「非合理的狂気の発現」にすぎぬという、アンナ・ストロングの蒙昧に屈するか、最悪の場合には、スターリニスト・レジームの弁護者に随してしまうだろうに。

奴隷の死

大池文雄

一、証言

私は当時、私もその成員の一人であった日本共産党茨城県委員会に、ハンガリー革命について討議を行うよう再三再四要求した。私はハンガリーへのソ軍の干渉を批判し、ハンガリー内に作られた労働者評議会を支持していたが、他の県委員達は、はっきりと自分の感想を述べようとはしなかった。私の要求は遂にそのつど次回廻しの運命にあった。

私達共産党員が、長い党生活の中で、衝撃的事件に直面しても、自分の感情を抑えつけておけるよう、馴らされてしまった状況をまたしてもまざまざと見せられたほぞをかむような口惜しさが、そこにあった。

時代の先駆的精神をもって任じる共産主義者達が、理解し、客観性にまで到達しようとする努力を、しばしばはじめから押し止めてしまうということは恐ろしいことのように思われた。

みな、じっと待っているのであった。

解答は上から与えられ、つねに全党の意志となるべく予想され、各自は自己の判断を中止して、それを受け容れることによって、不安を解消しようと待っているのであった。

党員達は、そのほとんどが、人生の意味を発見した喜びと、清純な理想主義をもって、党の入口に立ったのであるが、これが理想であり、これがモラルであり、これが社会主義だとして党から与えられるものを、むりやり受けいれ、批判や自発性への衝動を余りにしばしば抑制してきた結果、党という外なる権威に自己を同一化させることにほゞ完全に成功したかのように見える。自主的で独立した個性として生き、かつそのために理性を働かせようとする能力は抑圧され、外なる全体主義的権威が、内なる権威に同一化される。「愛」「良心」「忠誠」「義務」等々が内なる権威に与えられた偽りの倫理的名称である。

日本共産党の第六回全国協議会を機会に、解散された小河内村山村工作隊員の一人が山から降りてきて、代々木へ行き、自分達を誤った行動に駆り立てた指導部への憤懣をひとしきりぶちまけた後、他の任務につき、民衆むけのアジビラを書こうとした時、自分が人々に語りかける言葉を全く失っているのに気づき愕然としたという告白を聞いたことがある。彼は余りにも上からの指令や命令と同じ口調で、不断に語りつづけ、思考しつづけてきたために、遂に生き生きした言葉と思考を失い恐るべき「自己改造」に到達してしまったのであろう。

ナジ処刑に抗議するため、六月廿三日パリで開かれた自由と平和擁護委員会の会合の席上でアンリ・ルフェーブルの行った演説から一節を引こう。

彼等自身と戦うこの努力において、受諾できないものの受諾を、彼等の献身の名で自らに押しつけるほどに、あまりにみごとに成功したものもある。彼等は彼等自身に対して勝利を得たのであり、否と叫ぶ声を押し殺したのである。彼等は、スターリン主義者たちが侮蔑的に「自然成長性」と呼んでいるところのものを彼等自身のうちに殺したのであり、それによってプチブルを殺したと信じたのである。のみならず、彼等は、非人間的な行為の必要を宣言することに、名誉に関係することのような力瘤の入れ方をした。そうした政治的行為が非人間的であればあるほどそれが甚だしかった。このような受諾の仕方、このような熱狂振りを以て、彼等は、支持する大義への忠誠の規準としている。彼等はそれで強い気になっている。彼等にしてみれば、彼等の意見に同調しないものは弱虫なのである。私は彼等の名においては語らない……（「世界」卅三年八月号より）

共産党の人間関係における本質的な構造は、すでに、昭和の初期に牢固として組織を浸潤し尽していたかのようである。埴谷雄高はその時代の雰囲気を次のように伝えている。

　小林多喜二の時代は、どの綜合雑誌にもインテリゲンチャの没落という題目が掲げられていた時代であって、それは明治、大正のごとき勃興期の資本主義の体系へ組みいれられなくなったインテリゲンチャの壁にうちあたった嘆きの声であったが、そのとき打ちだされたプロレタリアートへの移行という新しい処方が、思いもかけず、彼等の多くに不可思議な万能薬として受けとられたといえる。立身出世主義の奇妙なヴァリエーションがかくしてそこに生れた。彼等の目標は確固と定まり、「偉い人」になるとは共産党員になることと見つけ、そして、その新らしい弾条（ばね）となった意識は遺憾なことに小林多喜二のなかにも抜くべからざる棘の芯として最後まで潜んでいるのである。私が当時屢屢聞いたのは、あれはツエレ？　という短い言葉であった。細胞（ツエレ）の一員であることを訊くのは一般に厳重なタブーであったが、また、それは頻繁に使用され、繰り返され、破られたタブーでもあった。そして、一方の「偉い人」は他方の「屈従する人」を生み、この二つの層の不思議な心理のコムプレックスは、他の利用と奉仕する義務とのあいだの巧妙な噛み合わせを極めて当然なものとして前面に押し出した。この二つの層のあいだに介在する最大の魔術的な言葉は、階級的裏切りという威圧的な語句であって、それがあまりにも見事な成果を収める苛らだたしい場面を私は屢々目撃した。交通費を貸さないなんて階級的裏切りだぜ、からはじまって、俺のいうことを聞かないなんて階級的裏切りだぜ、と女をきめつけるに至るまで、そこには僅か一つの単純語にまつわる無限な応用の範囲があった。それらは、革命運動に流入してきた謂わゆる未熟な街頭分子に多く見られる悪現象であったが、しかし、より重要なことは、その基本形が当時の非合法活動に従事していた殆んどすべてのものの心理の奥底で一般化していることであったといわねばならない。（「新日本文学」五八年四月号より）

　これでほぼ重る時代の外国に例をとって、もう一つ、「袖は躓く」の中のアーサー・ケストラーの一節を引用することを許していただきたい。私がこれらの証言を重んずるのはこれらが、外面的には数十万の共産党員の経験でありながら、人間としての自己自身の心理の深層に迄至る分析を行うことのできた数少い人々によって得られた、稀な特定の諸経験に属するからである。

――細胞会議は、まず一つまたは二つの政治講演（党で規定した方針にもとづいた）をもつて始まり、次に討論が行われるのであつたが、この討論たるや、実に奇妙な性質をおびたものであつた。共産党の規律の原則として、いつたん党が与えられた問題を認め、それに対してある方針が決定されると、その決定に対してはどのような批判も許されなかつた。もし異論をはさめば、それはすべて、分派主義者のサボタージュと見なされるのであつた。（中略）

それゆえ、われわれの会議の討論は、常に完全な満場一致のかたちで示された。その形式は講演が終ると、細胞の一党員が立ち上つて、例の魔術的なきまり文句で、賛意をくどくど朗読するような調子で述べたてるのであつた。その生気のない歌うような調子は、語られている言葉が、彼の本心から出たものでないことを如実に物語つているのである。われわれは彼らのように、全く無批判の態度が容易にとれないので、何とかして党の方針を正当化しようとして苦しんだり、党幹部の思考――それは理非曲直の如何を問わず、常にわれわれ自身の意見として特つよう強要された――の影響をうけた点はないかと、絶えず自分たちの心のなかを暗中模索しているのであつた。この苦労は多くの場合成功した。たとえばこんなことがあつた。来るべきプルシア国会の総選挙にあたつて、共産党のスローガンは、「中国プロレタリアを、帝国主義日本の侵略の魔手から救え」というのであつたが、当時の情勢からすれば、むしろ当然ドイツにおける百万の失業者に関するものとか、ナチスの脅威に関するものとかが至当であつたので、このことを幹部からきかされたとき、私は多少あつけにとられたかも知れないのである。だが、たといあつけにとられたとしても、もはやそれを思い出すことができないが、しかし、そのときすぐ私が、上海での出来事がドイツの労働者階級にとつて、ベルリンにおける事件よりも、なぜ重要であるかということを、真面目にかつ力強く説明した論文を、選挙パンフレットにしたことははつきりと思い出すことができる。それに対して党の地区委員から、肩を叩かれながらお讃めの言葉を浴せられて、私はすつかりいい気持になつてしまつたが――それはどうにもしようがなかつたのである。（村上芳雄訳「神は躓ずく」国際文化研究所刊より）

私はこの小論で、以降、権威主義的性格と権力の倫理に論及し、目的と手段の問題にもふれるつもりであるが、以上の証言は以降の論理を言わず語らずのうちに補促しうる示唆を含んでいると思われるので、この証言を以後もたえず念頭に入れておいていただきたい。

三、服従へのダイナミックス

発達した理性をもち、自主的で健康な情緒特性をもつ人間ならば、不正や非合理的な事態、人間を支配し隷属せしめようとする行為に対しては、怒りや非難の感じをもつが、自分を抑え権威に隷従しようとする行為に対しても、軽蔑と怒りを感じるであろう。そして、人々の受難や不幸に対しては、悲哀や同情を禁じえず、当然のことながら、自分の人生を大切にし、支配や隷従への衝動から自己の独立を保持しようと努め、愛や生産的な仕事への自発性において人々と結ばれようとし、そのような人間にはじめてもたらされる精神の昂揚のうちに人生を送ろうとするであろう。

人間が自然の懐に抱かれて、自然の中に融合していた太古には、人間は自然の一部としての宿命の中で生き、そして死んだ。人間が大自然の一部であることをやめ、他の人間達からも自分を分離した存在として自覚できるようになつて、はじめて人間の社会的歴史が始まつた。しかし、半ば個性としての自覚をもちながら、半ば自然に同化していた長い歴史が終りをつげ人間がこの太古の絆から完全に脱けだして個性として独立するようになつたのは近代に入つてからである。

しかし、個人の生涯においても、母親との才一次的絆から、生産的で成熟した姿勢で脱け出してくることにしばしば失敗するように、人類としても、氏族や自然、中世紀的身分制社会や教会に結びついていた才一次的絆から、独立して、自主的な個性として自分を確立することに必ずしも成功しはしなかつた。

才一次的絆からときはなされ自由をえた人間は、以前とは異つた仕方で、人生の方向を見定め、世界の中で安定を見出さねばならない。もしそれに失敗すれば、残された道は、再び自由を放棄し、個人的自我の統一性を破壊し、新しい権威の絆に自分を結びつけることによつて、孤独と不安と無力感から逃れねばならない。

こうした心理的衝動が、経済的、イデオロギー的文化的要素と関連し合つて、宗教改革やファシズムの広汎な基盤になつた。このテーマを追求したすぐれた著書として、私はエーリッヒ・フロムの「自由からの逃走」(創元社刊)をあげる。

スターリン主義の場合も人間の孤独と不安に依存し、人間の非合理的衝動を組織したという心理的意味においてはファシズムと同質であると考えられる。

ロシヤ十月革命は、既成の一切の制度と共に古い倫理を破壊し、人間の自発性への可能性を開くかに見えたが、指導者達は新しい秩序を生み出すに当つて革命の美名のもとに再び専制的な古い統治方法に頼り、人民は、新しく発生した特権的官僚群の存在と民衆との差異を隠蔽することとなつた「国有」経済における、「物質的成功」という素晴しい贈物と、その成功の唯一の過誤なき偉大な指導者スターリン、という権威に額づく結果となつた。

共産党はまた、鉄の規律をもつた、一枚岩の組織でなければならないとされた。

そしてもし、一度その党の規範を受け容れ、鉄の規律に隷従しようとする衝動に身を任せはじめると、自発性は抑圧され、フロイドが超自我と呼んだ検事的な存在が、「良心」「義務」「献身」「忠誠」という倫理的外衣をまとつて、成長し、たえず自己発現の能力が党規律の枠からはみではしないか、上部からの意志に逆うことになりはしないか(「裏切り」に通じはしないか)と監視しつづけるために、情緒的不安は遂に消え去ることがなくなつてしまう。そこで一層自分を権威と同一化しようとする激しい衝動にかられるようになるのである。

権威主義的性格における重要な特徴は万能か無力か、二つの傾向しか存在しないことで、それは直接暴力によろうと、より穏健な制度の行使によろうと、力をもつものが、その力が守ろうとする価値ゆえにではなく、それが力であるがために、すべてである、という盲目的な物神崇拝感情におちこんでいることである。服従への愛や、賞讃の衝動にかられる者にとつては、自分の服従するものが力を持てるが故に、万能である。

現代共産主義内部では、共産党が、ロシヤばかりでなく、中国において権力を握り、自己の指導下に国家的統一が形成され、ソヴエトにつづいて中国でも、着々と物質的成功がもたらされつつあるという事実への拝跪から党員達がどうしても自由になれないでいる。そしてハンガリー革命へのソ軍の干渉、ナジの秘密裁判と処刑、中国での百花斉放の中止、丁玲事件、再度の反ユーゴ・カムパニアと修正主義への弾劾、等々を、「社会主義をまもるために」「平和のために」という名のもとに、すべて合理的措置として受けいれてしまうのである。

そこにあつては人々は単なる受動的な大衆に止まりえず、悪しき衝動にかりたてられる。

「社会主義」（人民）への愛と献身の美名のもとに（人は
　自己を合理化せずには一刻も安んじられない）
深層の不安と恐怖につき動かされて
ひたすら自己滅却（権威への同一化）の道を辿る

スターリン主義の歴史の中には、人々の心理の深層に暗黒の影を落さずにいない血で彩られた部分がある。それは先頃のナジ処刑に至るまである連鎖をもつて連なつている粛清の歴史である。ある時は生死を共にしてきたもつとも親しい友人からの、ある時はどこの誰ともしらぬ者の密告や讒謗によつて、さらにすべてをなげうつて慴伏している指導者の気まぐれな猜疑によつて人々が、突如、またいつともわからず裁判もなしに次々と消されてしまつたこの現代史の暗黒部面は、現代人の精神の深層に立派に投影していて、前意識的な不安衝動の源の一つとなつている。

このことはわざわざ証明を要しない。私達のほとんど誰しもが入党の過程で、粛清が反革命から最少の犠牲において革命の成果を防衛するための止むをえざる、不可欠の手段だつたのだと、何とか自分を言いくるめてしまうのに、激しい精神的葛藤を経験したことであろう。

フルシチョフのスターリン暴露演説の、スターリン時代の暗黒部面の血腥ささに人々が改めて、愕然としたのは事実であるが、私は、あの演説を決行迄に、　フルシチョフの内部に抑圧されつづけた自我の激しい奔りをみる。そして止むに止まれぬ衝動につき動かされて、次々と口をついてしやべりまくつた体のあの演説ですら、本能的とさえいえる正確さで、歴史的事実の暴露にブレーキがかけられていること、自分とスターリンとの関係をあいまいにぼかし、すべてスターリン一人が悪かつたという主題、フルシチョフら生き残つた政治局員達の自己辯護の主題にみちみちているのを見て、おそらくフルシチョフの背筋を走りつづけたであろういまわしい過去の記憶に対する戦慄のすさまじさを思い見るのである。

権威主義的人間を彩つているのは、その感情的情緒的特質である。彼等は進んで喜んで権威に服従しようとする。必然とは彼等にとつては、人間のかくあらしめたいという自発性にもとずく進路の選択と建設の努力いかんに拘わらず、すでに予定された絶対的に、かくなるもの、である。その哲学は宿命論的であり、人間の自由を束縛するものを愛し、ある優越した力に自分を委ねることを好む。

共産主義諸党が人間の自発性に基く、理想主義的創造的能力をどれほど失つてしまつたかは、疾風怒濤の時代といわれる現代にあつて、すでに半世紀近く過去のものとなつた、ロシヤ革命に対する盲目的崇拝におちこんでおり、理論の分野では、いぜんとしてマルクスやレーニンの学説の現実への適応という、本質的にドグマチックな非学問的な方法が支配しているのをみればよい。

ピラミッドの頂点にいるものも、依存感情は全く同質である。ただ彼らはより大きな力、又は性格の異つた力に依存するのである。

過去や現実へ拝跪する点でも、ピラミッドの頂点と下辺に変はない。十月革命は、人類の過去の偉大な試みの一つであるから、真剣な研究に値する。ところが、日本の党の指導者達は、党員の自発性を抑え、上からの体制を強め、自己の地位の保全のためには、極めて熱心に活動するが、自発性と創造性は彼ら自身にもない。彼らが社会主義という時、それはまずソヴエトと中国の五ヵ年計画とその指令を与えている党の権力をイメーヂとしているのだが、あれを見給え!! われわれもやがて社会主義を獲得するのだ、とたえず自分にも他人にも言いきかせていたいのである。

外なる権威が自我の内に据えられてしまうと、理性と個性化しようとする能力は圧迫され、原罪の意識ともいうべきものにたえず悩まされる。これはマゾヒズム的ともいうべき経験である。

ここでもう一つ証言を引くと――、

井上光晴の小説「病める部分」の主人公落合良は、朝鮮戦争の時、反米ビラを撒いた所、上部機関の指導者から極左的な「挑発ビラ」を撒いた「トロツキスト」と罵倒された。

――『客観的に、感情をまじえず考えねばならぬ』『党は何時も正しいのだから』

『うむ、党はいつも正しい』『そして俺もつねに正しく決定に従うのだ』

少し、唐突ではあつたが、落合はこの自分の結論になんとなく満足した。『党はいつも正しい……』

(小説集「書かれざる一章」近代生活社刊五六頁)

党の決定に従わず極左的方針をとつたという理由でい落合良は他の数名と共に除名される――、

何かが崩れる、何かがガラガラと崩れていく。除名。挑発者。陰険な策謀。また除名。

落合良はすでに立つていることに耐えていた。『俺が、除名!』――昨夜おそく森田の家についた時、顔をみるなり森田が叫んだ。

「おい、お前除名になつたぞ」まさかと思つたが何べん読み返しても同じだ。N県委員落合良。歴然。掲示板がぐらぐらする。彼は何回もしやがみ、また立上ることに耐えた。

『党はつねに正しい……しかし俺は何を考えればよいのだろう』

(同前六三頁)

プロレタリア英雄主義という概念は、すでに初めの光彩を失つてしまつた。スターリン主義にあつては、勇気とは「指導者」が自分に課した使命を、不平をいわず、たえしのぶことである。それは、私達が帝国軍隊で経験したものと心理的には同意義である。山村工作隊(それは懲罰大隊的な一面をもつていた)や中核自衛隊の党員達は、実に、服従し、耐え忍ぶということが人間の最高の美徳であるかのように行動した。それは、信念、忠誠、義務の名のもとに、自己の無力感に打ちかとうとする衝動につき動かされたものである。

そして人間の未来の潜在的な可能性の発現への志向と確信という意味での信念は持ち合せていない。権威主義的性格における信念とは疑惑、不信、無力感を優越した権力によりかかり克服しようとする必死の努力の結果とみることができる。統一的世界観というみせかけに反してそれは本質的に相対主義的であり、しばしばニヒリズムや人間の否定におちこむ。そうでなければ、一方で、英仏のスエズ侵攻を非難し、他方ではソ軍のハンガリー干渉を擁護するということ、また一方で松川事件の拷問による自白の強要を攻撃しながら、他方ではナジの暗黒裁判を当然のことのように受容れてしまうことを説明できない。

三、反逆者と革命家と

反逆的言動に見られる強い独立性、反権威主義、革命的情熱の発露等々は、表面上のものにすぎない。

六全協によつて、上からの権威が弱まり、よろめいた時に、党中央の指導者に対する怨嗟の声が党内にわきかえつたことがあつた。しかしこれらのほとんどが、理性と客観性を成長させ自分の内部に抑圧されていた能力を、独立と発展の軌道にのせるべき合理的な進路は見出しえなかつた。それは服従と自己放棄の代償を求めるヒステリックな挑戦にすぎなかつたようである。私達が不正に抗議し、これと戦う場合、奴隷が主人にたてつくようなものであつてはならない。また憎悪にかられた報復であつてもならない。

一そう徹底した反逆者達は「革命的共産主義者同盟」である。この人々は、かつて、自ら「反逆者」という機関誌を発行していたが、当時は、スターリン主義の裏返しのようなトロツキズム拝跪におちいつていたことを反省し、機関誌の題名も「世界革命」と改め、組織の名称も日本トロツキスト連盟から「革命的」共産主義者同盟へと変更した。

しかし、私の見る所では、成員達はいまだに権威主義的憧景（ザド・マゾヒズム的情緒）から十分に自由でないように思われる。今の所、革命的又は創造的であるよりも、むしろ、破壊的傾向が優つているように見える。政治理論においても、現代社会主義及び資本主義、党の組織論等の経験科学的研究よりも、マルクス――レーニン――トロツキーの機械論的踏襲の域を出ず、余りに思辯的な正統派的原理論拝跪が見られる。「スターリニズム官僚打倒」といつた同じ調子の呼びかけに、あいもかわらぬ鎌とハンマーの図柄を配した機関誌は、「革命的」の名にふさわしい情操の豊かさや、創造的息吹きよりも、まず挑戦的で、いどむような調子に特色がある。権威に真向から抗つているかのような自らの姿勢に、自分で幻惑されて、自分の非力や、権威主義を意識できなくなつてしまうことを、私は怖れる。

革命家が意識するとしないとにかかわらず権力や権威に拘泥するのは、革命家の堕落である。また私は「革命的」という概念に「反逆的」要素を少しも含ませるべきでないと考える。革命的ということを、私は、個性の独立が尊重され、犯すべからざるものとなり、人間の愛し生産する能力の成長が促され、人生が人間の能力の全面的開花と同じ意味をもつようになる未来のために準備することであると考える。革命家の生涯は、それ自体がまた目的であり、自身の人間的能力の追求そのものであり、どんな型の自己放棄や自己滅却とも、どんな傾向のサド・マゾ的感情の追求とも異質であらねばならぬ。「革命家」とは人間的たろうとする者であつて、それ以外ではない。

四、目的と手段

H・D・ラスウェルは権力を定義して

重大な価値剝奪（周囲の事情を熟知している共同社会の相当多数のひとびとによつて、重大と解されている価値剝奪）の期待を伴う関係

（ラスウェル「権力と人間」永井陽之助訳、創元社刊、二二頁）

としたが、スターリン主義にあつては、権力の極限状況として

消される期待を伴う関係

だと言つて良いと思う。

「政治的タイプを特徴づけるものは、激しい、満されない尊敬への渇望である」とラスウエルは述べている。

これらの渇望は、オ一次サークルにおいて強調され、しかもそれが満たされない場合に、公の目標(権力過程に関連ある人間と活動)に転位される。

その転位は、公共の利益の名において合理化される。

そこで動機の発展という観点から、政治的タイプを要約するなら、次のようになる。

私的動機を
公の目的に転位し
公共の利益の名において合理化する

(同前四六頁)

スターリン主義は、激しい権力への渇望を、世界の労働階級の利益という名において追求し、公共の成功のすべてをスターリン一個人の名に結びつけてしまつた。

粛清を逸れて権力の階段を登つていつた人々は、人間としての最も高い代価を支払わねばならなかつた。彼らはスターリンに自分を適応させ、注意深く、恐らく異常な努力をもつて自分をおさえつけておくことに成功したというだけではない。またむろん、新しいソヴエト官僚としての行政的手腕に熟達していたというだけでもない。彼らが権力の狭い階段をスターリンの側近に迄登りつめるには、批判や反逆者に対してばかりでなくスターリンとその党及び新しい国家に帰依していた同胞や同志、時には個人的友人に向かつてさえ、卑劣な密告者、でつちあげ裁判の検事あるいは同調者として振舞わねばならず、しかも、スターリンの疑惑や恣意の前にたえず生命の危険に脅かされてきたのである。

アイザツク・ドイツチヤーは、フルシチヨフの秘密報告の中のあるエピソードを次のように要約している。

彼らがスターリンに反対する行動がとれたかもしれないような時でさえ、彼らはそれを望まなかつたことをフルシチヨフは示している。赤軍がヒトラーの最初の猛襲によろめいた一九四一年にスターリンの勇気が挫け、彼は自分のテントの中で落胆し、ふさぎ込んでいたとフルシチヨフは語つている。これは党指導者たちが彼を除くのによいチャンスだつたと思われる。ところが、彼らはスターリンに代表団を派遣し、彼が再び支配権を握るよう乞い、かくして彼ら自身と国とにさらに十二年の恐怖政治と堕落の運命を与えたのである。

日本共産党の指導者達は、領袖徳田球一の死を五三年十月廿日から才六回全国協議会の五五年七月廿九日迄、私達にかくしておいた。党の下部組織が、彼等の命令に従つて、けんめいに破滅的冒険に、突つ込んでいる時、党員の動揺と徳田の名によつて人民に与えている威信の崩壊をおそれて、彼の死を公表することを不得策としたのであろう。

しかし、彼等のもつと怖れていたのは、「人民への惜しみなき愛情と献身」(徳田球一)というキヤツチ・フレーズによつてかりたてられてきた党員の行動にブレーキがかけられ、それを機会に、党員達の間に批判的精神や反逆的衝動が目覚め、組織が内部から解体しはじめ、それが大津波となつて、指導者達をも押し流してしまつたかもしれないことであろう。

フルシチヨフのスターリン暴露は、自己保全の衝動にかられて、即席で行われた公算が大きいが、六全協は時間をかけ、おそらく北京の助言をえて、周到に準備された形跡があらわであつた。彼等は徳田球一に密着していた度合に応じて、かつての冒険主義や党分裂(これは「粛清」と同じ意味をもつている)

の責任を死んだ領袖と共に分つたが、領袖の側近や片腕であつた自分達の地位が危うくならぬよう、注意深く、死んだ領袖の誤りにブレーキをかけ、彼の屍に大げさな賛辞を呈したのであつた。

そして利巧に立ち廻るには、すでに余りに突走りすぎておりかつ新時代に即応せず、旧権力にあまりに固執した人々は、ロシヤの場合も日本の場合も、馬脚を露わし、また叩きおとされ権力の座から転り落ちてしまつた。

五〇年に中央から除け者にされ、「不遇な境遇にあつた」とされる指導者では、宮本顕治が六全協で、さらに神山茂夫が才七回大会で、その徳田派閥と無縁であつた過去を看板に、党を崩壊から救う役割を買つて出たのである。「宮本は党再建の使命感にしばられているのだ」とある知人は話したが、私が昨年四月、宮本顕治から直接聞いた、自分が六全協で中央常幹を引きうけなかつたら、党は収拾がつかなかつた、という意味の言葉からも、宮本の意識にはある尊大な動機がかくされていることがわかる。神山茂夫の場合には、もつとずつと反逆者的傾向が強い。彼はただただ反逆に賭けてきたかのようである。最后に骰子はふられた。しかしこれは心理的にも、実際的にも八百丁であつた。彼は自分が党批判者であつたことの全意味を抹殺するような行動に出た。まるで中央委員に返り咲くことが人間神山の真の目的であつたかのように――。

集団指導は世界中の共産党の合言葉となつたが、例外を除いては、制度の本質上の変更は見られなかつた。本質と言うのは理念としての人間に対する態度及び人間を組織に関係づけるその仕方である。

ハンガリー事件は、ソヴエトの政治と党のあり方が本質的な変化をとげなかつたことの無慙な結果でもあつた。この事件の結果、資本主義諸国の党内の良心ある部分がソヴエトと党の現状の批判に進み出た。フランスでは著名な知識人党員達が多く除名された。イギリスではピーター・フライヤーのブタペストで目撃したハンガリー革命の記録がデーリー・ワーカーから没にされ、彼は進んで党を離れた。

フルシチョフは工業の集中排除のような、思い切つた改革を行い、老朽したスターリン時代の屋台骨をいくつか取かえたがスターリン時代に滅ぼされてしまつた社会主義の偉大な理念は何一つ回復させはしなかつた。私達がわずかに知りうる所では主として文学の面で、また歴史研究の面で、批判的精神が復活しはじめたが、ふたたびイデオロギー的な圧迫が加えられている。

ハンガリー革命にソ軍が干渉にふみ切つた時、ソヴエト共産党の集団指導制の指導部では、古いスターリン時代の恐怖――隷属者達が自己の支配から離脱し、独立していくことに対する恐怖――が勝利を占めたかに見えた。彼らは自分に力がなければ、決して訴えないような手段に訴えた。

ナジの処刑は、フルシチョフ主義もまた、苛酷な価値剝奪の体制であることを示した。

日本の党の才七回大会では、少数の代議員の反対を押し切つて、下部は中央の許可なしに自由に中央を批判することはできないという、従来の規約の原則を再び確認した。中央機関誌上で発表が許されるか、無害とみとめられた場合の外は、異見の持主は、自己を抑えて納得できない公式声明の代辯者とならねばならない。党員の人格に要求されるこの自己偽瞞の体系、一枚岩の鉄の規律は、どのようにして、社会主義の理念、独立と民主主義の理念に結びつけうるのであろうか。

余りに多くの事件を見、かつ経験してしまつた党員達の多くは、猜疑心に悩まされ、遅疑逡巡におちいつている。皆、傷ついた自我と倫理観を建て直そうとして、組織の要求との矛盾に悩んでいる。たとえ理論癖のある宮本ー神山主義でも党の若い世代を、ふたたび強固な紐帯で結びつけることはできない。

いまでは余りにも、社会主義の名において専制を陰蔽し、理想と正義の名において人間性を破壊してきたからである。

自分達がまるで馬車馬のように目を塞がれ極端な場合には指令の口調でしかものをしやべれなくなるほど知能をおとしめられ、社会的犯罪にさえ加担させられてきたということを、党の若い世代は深い慙愧と悲哀をもつて振り返つている。

オ七回大会を前にして私を党から除名する旨、統制委員会及び中央委員会はアカハタに発表した。除名決議にはいろいろな理由が付せられているが、意味はただ一つ、批判的活動を中止せよという統制委員会の勧告を私が受け入れなかつたからである。私はここで、改まつてその答を書くつもりはない。

ただ私達は自分達の進路について、恐らく十分な答えをもつていない。そう、しかし、共産主義者であるなしに拘わらず、人生そのものを目的とし、自分に対しても、他人に対しても決してそれを手段にまでおとしめまいとする人々は、人生の進路を自分で選ぶ権利をいつでも保留している。

私は世界共産主義運動のメカニズムをとく一つの重要な鍵は経済史的、政治史的研究と並行して文化史的な研究がぜひ　も必要であり、わけても党を形づくつてきた集団に固有の精神と心理のダイナミツクス を探る社会心理学的、精神分析学的研究が不可欠であるように思われる。

私達は下部構造が上部構造を決定するという、経済決定論的な素朴な人間観、楽観的な人間観を克服しなければならない。人間性は、ある時代の経済的、イデオロギー的、文化的な影響の圏外にあることはできなかつたが、また逆に人間性の環境へのある特殊な反応が、経済的、イデオロギー的、文化的様相に多大の影響を与えてきた。

意識されているいないに拘わらず、人間性にはその特殊の反応法則があり、その本性を合理的に成長させることに失敗すると、非合理的な様々の形態の自己放棄におちこまざるをえない。

私達は理想主義者であり、人間の独立と、愛しかつ生産する能力の発現のための合目的的な規範を求めている。それは専制主義とはちがつた型の自己放棄に導く、資本主義的な市場的な倫理とも専制主義の倫理とも異つた、人間の独立と創造的能力の発現が促がされ、人々が愛しかつ生産のために協力できるような、目標を含んでいる。

私達が社会主義的民主々義的共同体に至る過程の十分な仮説を、もち合せていないにしても、しかも私達は過去と現在の人間の歴史を分析して人類の目的についての仮説を導き出すことは可能である。

そして採用すべき手段もまたそれを遂行する人間にとつて、それ自体目的であり、人生そのものである。私達にとつては人間と人間的能力の発現こそ目的であり、他はすべてこの人生の目的に奉仕するものとしてのおのずからの調和のうちにおかれるであろう。

（五八年八月廿五日）

〔投稿〕

社会科学における方法の意義について

――大池文雄氏へ――

黒田寛一

われら如何にたたかうべきか?

スターリン批判、それにうちつづくポズナン暴動やハンガリア才二革命の勃発、フルシチョフによる政治経済諸機構の非中央集権化や例の七月事件、そしてヂューコフの解任・除名を背景とした十月革命記念日におけるソ連圏の官僚たちの会合……こうしたソ連圏の動向は、いまやスターリン主義が瓦解寸前にあることを、だれの眼にも、ハッキリとしめしています。そして、他方、六全協以来わが日共の腐敗と堕落があかるみにだされ、もはや今日の指導部ではわれわれの革命の遂行は全く不可能であることも、若い下部党員たちは、いよいよ明白に認識しますます自覚しつつあります。こういう客観情勢のもとで、いまや「われら何をなすべきか」が切実で焦眉の問題として、わたしたちの前にうかびあがってきているわけです。

このように客観情勢が熟してきているにもかかわらず、あるものはいまなお低迷と混乱をつづけ、またあるものは権威主義からぬけきれず、破廉恥にも「組織」の居心地のよさに郷愁を覚えて無原則的な妥協をやってのけているのが、ありのままの現状のようです。ただわずかに若い下部党員たちが目覚め奮起しているにすぎません。たとえそれがどのように現在なお微弱であろうとも、結集し団結してたたかうならば、その力は幾層倍にもなり、あなどりがたい物質的な力にまで強化成長してゆくでありましょう。われわれ反スターリン主義者たちは、われわれの究極目標を実現するために、まずくさりきった指導部をできるだけ早く除去するための統一戦線を結集してたたかいぬかなければなりません。日共主流派にたいして反対派とさえよばれていた都委員会の非革命性を、いやというほど知らされてしまったわれわれにとっては、真の革命的な反対派を下からもりあげてゆくために全力をあげてたたかわなければなりません。すべての革命的共産主義者は、その個別的立場のいかんを問わず団結し、統一行動をとり、日本革命を実現するための中核体とならなければなりません。そして事実、わたしたちは、このような観点と展望のもとに、あなたがたと協力し、共同斗争をしようとしているわけです。

方法は無用か?

ところで二回にわたるあなたがたとの討論――九月二九日、ハンガリア問題をめぐって、一〇月二七日、現代ソ連論――において明白となったことは、問題意識の共通性と前向きの姿勢にもかかわらず、問題追求の立場と方法が決定的にくいちがっている、ということです。いやむしろ、くいちがい点を、このように整理することそれ自体に、あなたがたは反対されるであろうことを、私は十分承知しています。方法、方法と口走っている方法で一切をきりもりするのは明らかに方法論偏向であり、方法論主義であるといわなければなりません。しかし、そうだからといって、方法をまったく無視することは、科学者にとって――あなたもいわれるように、革命家はさしあたりまず科学者でなければならないわけですが――致命的なことではないでしようか？　果して「方法には関心はない」ということで、それは無視されてよい問題でしょうか。

教条主義やあてはめの公式主義を否定するあまり、われわれの科学的認識の基準となる理論や科学的認識のオルガノンとしての方法をも無視ないし軽視するのは、教条主義や公式主義の裏返しの誤謬ではないでしょうか。これまでの一切の理論――マルクス主義の理論をもふくめて――を、ただ「参考にする」というような立場では、革命的実践をささえ、かつその指針となるべき革命的な理論を創造しえないのではないでしょうか。過去における教条主義や公式主義から脱却する方向が、組織上のニヒリズムとなつたり、また理論や方法上のニヒリズムとなつたりしたのでは、問題の真の解決とはなりえないのではないでしょうか。過去の誤謬や錯誤に気づいた場合、人は応々にして清算主義的な傾向につつぱしるものですが、理論や方法の意義と価値をはつきり確認しえないことも、この清算主義的な傾向につながるものではないでしょうか。

一歩ゆずつて、理論や方法は、ただ「参考にす」べきものだとしましよう。もしもそうであるならば、たとえば独占資本主義の段階にあるわれわれは、それをいかなる角度から、どのように分析するか、というイロハ的なことから、さらに資本主義の一般法則そのものまでも究明した上で、独占資本主義の特殊法則の解明をやらなければならない、ということになるわけです。いいかえれば、若きマルクスがイギリス古典経済学との対決をとおして、ヘーゲル弁証法を唯物論的に逆転して自己の方法を獲得し、そして獲得したこの方法を適用して資本主義の一般法則にかんする学的体系としての『資本論』という不滅の業績をなしとげた――こういう歴史的過程を追体験するということではなく、それをもう一度われわれ自身の手であらためてやりなおし、さらにそれをもこえでて現代的問題性にたちむかわなければならない、ということになりかねないわけです。――このことは、一方では、理論や学問体系の継承発展関係にかんする認識の欠如を意味すると同時に、他方では現実認識における現象論的性格を必然的に結果せざるをえないことを意味します。

われわれが自然や社会の法則性を認識する場合に、いわゆる弁証法のようなひからびた公式主義的なものではなく、マルクス自身によつて適用され、かつ成果をあげたその唯物弁証法を適用することによつてはじめて、対象の構造を真に本質的につかみとることができるのです。ところが、こういう分析方法が無視されるならば、対象の本質をつかんだつもりでいても、実は、たんに現象的特長をひろいあげたり、あるいは仮象にとりつかれたりして、とんでもない結論がみちびきだされたりすることが、しばしばおこりうるのです。たとえどのように問題意識がラジカルでも、対象を真に分析しうる方法をもちあわさずかつ適用されないならば、認識は表面的なものとなるか、あるいはむしろ誤りにおちこむことになり、したがつて真に革命的な実践をなしえないことになつてしまうのです。

ソ連をどう評価すべきか？

たとえば、今日のソ連をどのように評価すべきか、という問題をとりあげてみましよう。

あなたがたは、現存ソ連体制に「新しい階級」が事実として発生し、生産諸手段は国有化から「官僚の共同所有」へ変質し経済的にはきわめて全体主義的であり、政治的には孤立主義的であり、こうして「官僚の共同会計のための財産制度」という点にソ連国家の本質を発見しています。

われわれの立場からすれば、これは、現存ソ連体制の表面的な特長づけにすぎず、科学的批判にはたええない見解であるばかりでなく、実践的・戦略的にはきわめて有害であるとすら考えるのです。

ソフト・スターリニストであるジラスのソ連観が「新しい階級社会」だということですが、これと全く同様だと考えます。スターリン主義者の「ソ連＝社会主義」説の社会民主主義的裏返し以外の何物でもないと思うのです。

もちろん、今日のソ連は、たしかに、官僚のピラミッドが高くそびえたち、一切の政治経済機構が完全に官僚主義化しているとさえいわれているほどまでに、おどろくべき堕落と腐敗におちこんでいることは事実です。だが、こうした事実から直ちに、「ソ連＝新しい階級社会」とみなしてしまうのは、あまりにも単純素朴ではないでしょうか。いや、それればかりではありません。アメリカ帝国主義の従属下にあるわれわれの革命戦略も、きわめて絶望的なものとなつてしまい、世界革命への展望も、はるかかなたへおしやられてしまうことになりかねないのです。そこには、ソ連国家をそれ自体として固定的に評価しようとする方法が、無意識にしのびこんでいるからにほかなりません。いいかえれば、そこに欠けているものは、プロレタリア革命によつて樹立されたソ連国家を、プロレタリア世界革命の完遂への過渡期にあるものとして、歴史的展望において動的に評価してゆこうとする実践的な態度です。スターリンの一国社会主義を否定する立場をとりながらも、スターリン的社会は「社会主義を志向している過渡期」ではなくなつたとみなすことにより、無意識的に、評価の立場は一国社会主義論の方向へ移行じ、世界革命の展望においてスターリン的社会の堕落傾向をつかみとつてゆくという実践的立場が放棄されてしまうのです。ソ連国家を「新しい階級社会」とみなすことは一見ラジカルではあります。しかし、これは、決して革命的にラジカルではありません。ラジカルということは、あくまでも実践的な歴史的展望にてらしだされたものであるときにのみ、いいうることなのです。

トロツキーは『裏切られた革命』において、ソ連国家がたどるであろう三つの仮定（その才一は政治革命による官僚の排除その才二はブルジョアジーによる労働者国家の転覆、その才三は、官僚自身のブルジョア化）を考察したあとで、なおかつ矛盾にみちたソ連社会の現実を分析しつつ、こう言っています。――「科学的任務は、政治的任務と同様に、未完結の過程に完結した定義をあたえることではなくて、その過程のあらゆる段階をたどり、その反動的傾向から進歩的傾向を分離し、それらの相互関係を闡明し、いろんな発展の可能性を予見し、そしてこの予見のなかに、活動のための基礎を発見することである」と。

われわれは、トロツキーのソ連論の誤謬点（とくに過渡期社会の経済構造の把握にかんして）にもかかわらず、こういう実践的にして歴史的なトロツキーの立場こそが、革命的共産主義者として欠くことのできない決定的に重要な立場であると考えます。こういう実践的立場を欠如するならば、必然にソ連を「赤色帝国主義」とか「官僚的集産主義」（シヤハトマン）とか規定することにより、米英帝国主義と同様に、ただもつぱら打倒さるべき対象とみなすか、さもなければ史上比類のない新しい社会とみなさなければならなくなると思うのです。これほど非現実的で、非革命斗争的なことはない、と考えます。

そして、まさしくこういう実践的な立場の欠如のゆえに、理論的には、今日のソ連の現象的な事実をそのままその本質とみなしたり、さらに仮象を本質だと錯覚しないわけにはいかなくなつてくるのです。たとえば、「国家はいわば官僚にぞくしている」（トロツキー）というような単純素朴な国家論やそれと同水準の国家論をもつてしては、今日のソ連国家体制においては生産諸手段は官僚の共同所有であるとみなすことにより、ソ連国家の決定的な変質を結論しないわけにはいかなくなるわけです。

これにたいして、今日のソ連国家の本質を、われわれは、ロシアの後進性と孤立および世界革命の遅延などのゆえに「プロレタリアート独裁が官僚政府として現象している過渡期国家」あるいは、プロレタリアートの国家意志の実現ないしはプロレタリアートの国家意志の実現ないしはプロレタリアートの普遍的利害の貫徹が、官僚意志ないし、官僚の特殊的利害として歪曲されてあらわれている、労働者国家の現実形態というように規定するのです。だから官僚の特殊的利害を貫徹するにすぎないにもかかわらず、同時にそれにプロレタリアートの普遍的利害の実現という仮象がもたせられているというのが、スターリニスト官僚政府のありのままの姿なのです。

そもそも労働者国家の本質はプロレタリアート独裁であり、この国家の実体はプロレタリアートであり、プロレタリアートが生産諸手段を所有する（国有）わけです。ところが、労働者国家の直接性が官僚政府として疎外されてあらわれているかぎり（この政府の実体は官僚）、生産諸手段が国有ではなく官僚有であるかのごとき仮象がうみだされます。この仮象に幻惑されて、これをそのまま本質と錯覚するとき、「赤色帝国主義」論や「新しい階級社会」論が創造されてしまうわけです。すなわち国有化された生産諸手段はプロレタリアートの所有であるべきなのに、官僚がそれを共有しているのが現実の事実だからというような直接的推論をおこなつて、「新しい」立場がうみだされるわけです。これは、しかし、なんら新しい立場ではなく、晩年のトロツキー自身すらもがたたかい論破した立場の、スターリン主義の崩壊期における復活にすぎないわけです。

右のような観点にたつかぎり、われわれは、「才四インターナショナル才五回世界大会テーゼ」の中で使用されている「ソヴエト官僚独裁」という用語にも、当然反対せざるをえません。これは、単に用語上の問題につきるわけではありません。それは、マルクス主義国家論にかかわる問題であるばかりでなく、われわれの政治的実践の生死にもつながつている重大問題だからです。

このように、われわれのソ連論が理論的には現象論へ転落し実践的には「反革命的」なものとなることを阻止するために決定的に重要なことがらは、（一）実践的にして歴史的な立脚点を基礎とすること、そして（二）複雑な対象の構造を真につかみとりうる立体的な論理を駆使すべきこと、そしてさらに（三）マルクスによつて予見された将来社会にかんする一般法則（『ゴータ綱領批判』に展開されているような）を適用すべきことなどです。

われわれの科学的認識が真理性と有効性を獲得するためには対象分析の武器としての真の論理が必要であるばかりでなく、同時に、分析の基準となるべき理論や一般法則を適用することが、ぜひとも必要なのです。対象認識と理論の適用との統一によつてはじめて、革命的実践のゆくてをてらしだす革命的な理論の形成が、可能となるのです。マルクスの『ゴータ綱領批判』の解釈においてレーニンは失敗し、その適用においてトロツキーは誤謬をおかしたほどなのですから、この問題は、いよいよもつてむずかしい問題の一つであるわけです。これらの点については、ソ連論における残された諸問題とともに、別に論じたいと思つています。

二度にわたるあなたがたとの討論の経験をもとにして、私の感想をしるしてみました。私たちがいまだ実質的な研究をおしすすめるまでにいたつていないことは否めない事実ですが、あなたがたと私たちとの問題意識と革命的実践の方向の共通性にもかかわらず、くいちがつていることを残念に思い、ここに、わたしたちの意見を要約し、今後の討論の一資料として提供したいと思います。未展開の部分や問題点については、今後討論を深めてゆく過程で漸次展開してゆくことにしましよう。

われわれの反スターリン主義者の統一戦線の強化と拡大をねがつて筆をおきます。がんばつて下さい。

（一九五七・一一・一三）

（お断り――これは昨年末寄稿されたものであるが、「批評」才三号発刊が今日に至つたので、掲載が大ぶ後れたことをお断りします。）

独占の成立と信用

―金融資本範疇の再検討―

救仁郷　建

才一章　利潤率の低落と資本集中

利潤率の累進的低落の法則は、対象化された労働量に対して生きた労働分量の相対的減少をもたらすのであるが、運動させられる労働量の絶対量とは何らの関係もない。ということは、蓄積による投下総資本量の増大が可変資本量の増大をもたらすということを排除しないからである。しかしこの可変資本の増大率は不変資本の増大率に及ばすその開きはますます大きくなる。社会的労働の生産力の発展は、総資本に比しての可変資本の相対的減少をもたらし、それが利潤率の低落の要因となったとすれば、それはまた、この利潤率の低落を絶対的利潤量増大によつて償おうとする、加速的蓄積の誘因として作用し、それが再び生産力の発展と可変資本の一そうの相対的減少をもたらす要因に転化するという関係を展開する。

要因が誘因となり、誘因が要因となるということの循環的関係は同一の諸原因から生ずるのであつて、利潤率の減少および絶対的利潤分量の同時的増加という相対立した矛盾関係の表現である。これらの対立的要因による矛盾は、いかなる形態に転化されるか。それは「可変資本と利潤との相対的減少に両者の絶対的増加が照応する」という形態において展開される。すなわち、可変資本の相対的な減少に対して、同一数の労働力を運動させて、同一分量の剰余労働を吸収するには、ますます大きな分量の総資本が必要であるという形で展開されるのであつて、利潤率の低落以上の速度をもつて、総資本が増大されねばならないということである。したがつて、この総資本は、絶対的に増大した可変資本を充用するために構成の高位化に比例して増大するにとゞまらず、一そう急速に増大せねばならないのである。かくして、資本制的生産様式が発展すればするほど、同一分量の労働力を就業させるためには、ますます大きな資本量が必要だということになる。その結果、資本が機能しうる最低限度の水準が高くなるのである。この資本量の厖大化は、資本の集積と集中を必然たらしめる。なぜなら、個別的な分散的な産業資本主義段階における各個別的諸資本の絶対量では、この資本拡大の要求に応じきることができないからである。（註1.）

（註1）「利潤率が低落しても、投下資本量が増加すれば利潤量が増加する。だがこのことは同時に資本の集積を条件づける。けだし、いまや、生産条件が厖大量の資本の充用を命ずるからである。それはまた、資本の集中、すなわち、大資本家による小資本家の併呑および、小資本家の資本喪失を条件づける。」（資本論）

才一節　資本の集積と集中

マルクスは集積を特徴づけて次のように述べている。

「直接に蓄積にもとづく、またはむしろ蓄積と同一物たるこの種の集積は、次の二つの点によつて特徴づけられる。才一に、――個々の資本家たちの手における社会的生産手段の逓増的集積は、他の事情が同等不変ならば社会的富の増加度によつて制限されている。才二に、――社会的資本のうち各特殊生産部面に定着する部分は、独立して相互に競争する商品生産者として対立しあつている多数の資本家たちの間に配分されている。」（D・KⅠ九七一頁）

したがつて集積は、才一に社会的富の増加度が絶対的制限として作用し、才二に、個別的な分散度が相対的制限として作用することによつて、その量的増大は必然的に特定点において質的変化をもたらす。この才二の相対的制限としての分散性は新資本の形成と旧資本の分裂によつて高められ、同時に、集積が多数の個別的資本の相互反撥を生ぜしめる。しかるに、このような社会的総資本の、多数の個別的資本への分裂とそれによる相互反撥に対して、それらの部分の吸引が反作用する。

この吸引作用は、蓄積＝集積の才二の分散性としての相対的制限を排除するものであり、したがつてもはや、蓄積と同一物たる簡単な集積ではない。それはすでに形成され、機能している諸資本の集積である。この点についてマルクスは、次のように述べている。

「それは（吸引作用――引用者）すでに形成されている諸資本の集積であり、それらの資本の個別的自立性の止揚であり、資本家による資本家の収奪であり、少数の大資本への多数の小資本の転化である。この過程が才一の過程（集積過程――引用者）から区別される点は、この過程がすでに現存して機能しつつある諸資本の配分の変更のみを前提とし、したがつてその作用範囲は社会的富の絶対的増加または蓄積の絶対的限界によつて制限されてはいない、ということである。一方において一人の人の手にある資本が大きな分量に膨脹するのは、他方において、多数の人々の手にある資本が失われるからである。これは蓄積および集積と区別される本来的集中である。」

したがつて、吸引作用としての集中過程は集積が受けていた制限を排除し、現存している社会的富――それは資本に転形されているのであるが――の絶対的分量によつては制限されず、その配分関係の変更をもたらすだけであるという特徴をもつものである。

以上が、集積過程から集中過程への抽象論的展開であり、同時に本質的な両過程の特質である。そこで、資本が集積から集中へ移行する際にとる具体的諸形態の考察に移らねばならない。

前に展開したごとく資本の最低限の量的増大は、産業資本主義段階における自由競争関係としての、資本の敵対的分散性による個別的諸資本の保有絶対量の限界性と低触するにいたるのである。この抵触局面がいかなる形態において回避されるのであるか。

さて、この抵触局面における抵触の仕方は、すでに蓄積過程において形成されて来た、個別的諸資本の大小、強弱、優劣によつて相違し、この相違は回避局面において決定的な相違をもたらす。

蓄積の過程は同時に利潤率の低落をもたらし、利潤率の低落は一定量の資本の取得利潤量を減少させる。大資本は、この利潤率の低落を絶対的利潤量の増大によつて償う可能性を得るが小資本は償うことができず、したがつて資本の有機的構成を高位化せず、さらに搾取度を増大させたとしても利潤率の均等化作用によつて、可変資本の大いさによつてではなく、全投下資本の大いさによつて利潤量をうるという過程が反復される。かくして、低利潤率の大資本は高利潤率の小資本よりも急速に蓄積する。この蓄積はさらに資本が機能しうる最低限を引上げる。

このように、利潤率の低落は、一方の大資本に資本の需要を生ぜしめ、他方の小資本を遊休せしめ、過剰資本・失業資本たらしめる。

この抵触局面は、一方に資本需要たる抵触を、他方に資本過剰たる抵触を、全く相違した形態でもたらす。抵触局面における大小資本の相反した抵触条件は、必然的に回避局面を条件づける。けだし、吸引要因としての大資本と、被吸引要因としての小資本の両要因は、ここにおいて吸引作用、すなわち資本集中過程として回避局面を条件づけるのである。

かくして、機能可能な資本量の最低限の増大を媒介要因として、抵触局面から回避局面への資本集中の論理的展開は明らかとなつた。しかしいまゝでは資本集中の形態には触れない。というのは、この形態については、のちの信用構造の発展過程の考察をまたなければ完全に明らかにすることができないからである。だが、概略的な問題を提起することは可能である。

マルクスは「いわゆる資本過多なるものは本質的には常に利潤率の低落を自己の分量によつて償えないような資本――新たに形成されつゝある新生小資本は、つねにそうである――の過多、または自分自身では独自の行動をとりえないこれらの資本を信用の形態で大事業部門の指導者に委ねるような過多に連関する。」と述べている。

また他の個所において次のように述べている。「資本制的生産につれて、一つの全く新たな力たる信用業が形成されるのであつて、これはその初期には、蓄積の謙遜な助手としてひそかに忍びこみ、社会の表面に大小さまざまの分量で分散する貨幣手段を眼に見えない糸により、個々の資本家または結合資本家の手にかき集めるのであるが、やがては競争戦上の新たな恐るべき武器となり、結局は、資本集中のための厖大な社会的機構に転化する。」（D・KⅠ九七三頁）

以上二つの引用から、信用が資本集中の媒介因として機能することを検出することができる。

資本集中過程における吸引作用は、一方に吸引資本と他方に被吸引資本とが対応することにおいて成立する。とすれば、吸引資本、すなわち大資本はさておき、被吸引資本、すなわち小資本＝過剰・失業資本は、現実過程において機能不可能な条件にある。したがつて、機能資本家としては遊離されているのである。ところが、資本の所有者としても遊離されるとすれば、それは、完全に資本を収奪されたことを意味する。ともあれ、現実過程において、資本が本来的規定である剰余価値の生産から、一部分が排除されるということは、資本制的生産様式の矛盾の増大を意味している。ところで、所有権の収奪を回避しうる可能性はどこで見出しうるか。矛盾の増大を一定点において一時的に回避しうる可能性はどこで見出しうるか。いかなる資本の存在形態でこの可能性が与えられるか。

資本集中において、信用が媒介的作用をなしうるためには、資本集中運動が生起する以前に、商業信用を中心とする信用がかなりの発展を見せていなければならないのであつて、それは利潤率の低落が、ますます、他人資本の利用拡大を生ぜしめることにより、その発展をいつそう早めるという形で信用を一定の段階に高めるのである。

貨幣信用を基礎とする資本信用は、一方における信用貨幣による貨幣資本の節約と、他方における、資本過剰による機能資本の貨幣資本への転化によつて形成される。

これら信用の基礎は、商品生産者相互の前貸から発生した、貸付資から発生した、貸付資本範疇である。この貸付資本範疇は、貨幣の追加的使用価値すなわち、剰余価値を生産するという使用価値を貸付けることによつて、貨幣を資本化するという点にその特質がある。したがつて、貨幣の使用価値は、可能的潜勢的資本としてのこの属性において、他の資本形態、すなわち商品資本、生産資本と異つている。と同時に、そして、この点こそ重要なのであるが、貸付資本は、貨幣を手放すさいに、これに対する何らの等価も受けとらないということであり、貸付資本家に留保されるものは、所有権のみであるという点である。したがつて、貸付られる一定の貨幣量は、機能資本家の手において、剰余価値の生産に投ぜられるのである。ここにおいて、機能と所有の分離が発生し、したがつて、貸付資本範疇の資本集中過程における媒介的作用は、所有の集中をともなわずに、資本すなわち社会的富の集中をもたらすことを可能にするのである。このことは、私的所有制たる商品生産社会の本来的基礎をその根底において止揚することを回避して、商品生産の社会的規模への集中を可能ならしめるのである。

この資本集中過程における貸付資本範疇たる、信用の媒介的作用の把握、そしてさらに、これによつて、所有の集中を伴うことなく、資本の集中が可能になつたということの理解は、その後、全般的発展をとげる、独占資本主義構造の把握にとつて決定的に重要である。

以上のように、信用の媒介による他人資本利用拡大は、信用の全般的普及とともに増大するが、それは、社会的総資本、すなわち、社会的富の利用拡大が無限にあたえられているということと同意義である。したがつて、こゝにおいて、集中運動は勿論、社会的富の絶対的増加によつて制限されないばかりでなく、無制限に、その作用範囲を広めることができるのである。

かくて、本章における考察は、集積、集中過程の総過程的把握という視点から、産業資本主義末期から独占資本主義への移行期における構造的変質過程に接近したのである。しかるに、この変化過程の全姿態とその後の独占資本主義の基本構造の把握は、信用構造の究明なしには不可能であるという点にいたつた。よつて次章では、信用論の考察が展開される。

才二章　信用の発展と資本市場

才一章においては、資本制的生産の発展が一方に一般的利潤率の低落をもたらすとすれば、他方に機能資本の最低分量を増大させることによつて、資本の個別的、分散性を桎梏とする、止揚としての資本集中運動が惹起されるにいたる論理的展開を試みた。そして更に、資本集中過程において、信用が媒介的作用をもたらす点を示唆しておいた。しかし、資本集中過程に信用が基底的要因として作用しうるためには、信用制度の一定の発展が照応していなければならない。資本制生産

資本制的生産様式の発展は、生産資本の発展に基礎づけられるとすれば、他方において、流通資本の発展をもたらすのであつて、マルクスは、資本論才三巻の後半において、流通資本の諸形態について、理論的展開を行つている。そして、重要なことは、この発展せる流通資本の機能――特に信用の発展――は反作用的に、生産資本の発展を規定するという関係である。この視点から、本章では、信用理論の展開を試みることにする。

信用の諸機能を単に、貨幣流通の機能から導き出して、展開したヒルフアーデイングの「金融資本論」における方法は、信用の資本制的生産様式の発展におけるその役割を、全構造的に把握することを不十分ならしめている。資本制的生産の発展が、信用制度を発展させるとすれば、それはまた、信用制度の発展

が資本制的生産を発展させるという相対的関係において、信用理論が展開されねばならない。この点が不十分にしか展開されないならば、独占資本構造分析において、銀行資本支配の強調に陥いるか、スウイージーの如き、独占的産業資本の銀行資本支配からの独立化強調、またさらに、スターリンの資本主義生産縮少論という種々の皮相的見解が続出する結果になる。これらの謬見についての立入つた批判は、後段にゆずることにしても、本章において、前述の視点から、信用理論を展開することは、マルクスが資本論において展開した論理的視点に一致するものであることを特記しておきたい。

　信用の発生は、商品生産にその基礎が求められるべきであつて、何ら人為的に形成されたものでないことは、貨幣の発生の必然性と同一である。したがつて、単純商品生産および、前期的資本主義の時期にある一定の発展を示しているものである。産業資本主義の確立は、信用制度をさらに高度な制度たらしめ利潤率均等化に大きく影響あらしめたとすれば、それが資本集中運動のテコとして作用することは必然である。けだし、信用の本質的基礎は、私的所有制の枠内において、所有と使用の分離をもたらすことによつて、他人資本の自己資本化にあるからである。この信用の特質が、資本集中運動において、テコとして作用したとすれば、この過程で形成された独占資本主義構造が信用制度を高度に発展せしめ、その構造的基礎として、自らのうちに抱摂していることは明らかである。擬制資本制度は、独占資本主義に照応する信用制度の最高の産物であり、また、資本制的生産様式の最高の物神性の産物である。

　これらの問題把握を、本章の次の各節において、論理的に展開する。

オ一節　商業信用と銀行信用

A、信用の基礎範疇──商業信用──

商品の姿態変換範式は、W－G－Wなる範式によつて与えられる。商品生産の特定段階においては、貨幣は、商品流通の媒介者として単に、流通手段たる機能を受けとるだけである。販売と購買は同時に行われていたのである。しかるに、商品生産の発展はW－G－W範式を、W－GとG－Wとに、すなわち、販売と購買とを分裂せしめるのであつて、このことは、貨幣蓄蔵をもたらしめる。

　ところで、これまでの商品流通形態は、一方に商品、他方に貨幣が、すなわち、同じ大いさの価値が二重に存在していた。商品流通の発展は、この二極対応を更に分離せしめる。それは商品の譲渡と、その価格実現とを時間的に分離するのである。一方の商品所有者は、商品を販売するのであるが、それの等価としての貨幣の支払を、他方の買手から受けとらないで、時間的にずらして支払らわれるという関係が成立する。これは、売手を債権者とし、買手を債務者とする関係であり、これらの関係は、販売と支払の分離によつて、貨幣に支払手段たる新たな機能を与えるものである。

　この商品姿態変換形態の変化は「商品の価値が貨幣によつておきかえられるまえに、その商品の場所的転換がおこなわれる」（註1）のであつて、以前の商品流通形態たる、同じ大いさの価値が二重に存在することは止めたのである。したがつて、この場合には、貨幣は価格規定としての価値尺度として機能し、観念的な購買手段として、機能するのである。支払期限の到来によつて、支払手段は現実に流通に入る、すなわち、販売者の手に入るのであるが、それは、すでに商品が流通から出たあとである。この関係についてマルクスは次のように述べている。

「諸支払又は後から行われる第一の姿態変換の過程的連鎖は前に考察した姿態変換諸系列の絡みあいとは本質的に区別される。流通手段の流通においては、販売者たちと購買者たちの間の関連が表現されるだけではない。関連そのものが、はじめて貨幣流通においてかつ貨幣流通とともに成立する。これに反して、支払手段の運動は、すでに、その運動以前にできあがつて現存する社会的関連を表現する。」（註2）

この支払手段としての貨幣の運動がもたらす新たな社会的関係は、購買者をして、商品の等価たる貨幣を支払う以前に、その商品を使用しうるということを意示している。したがつて、販売者の側からすれば、購買者への商品をもつてする前貸である。この商品生産者間の商品をもつてする前貸が、商業信用の特質である。マルクスは、「商業信用、すなわち、再生産にたずさわる資本家たちが、相互に与えあう信用」（註3）として商業信用を規定づけている。（註4）

（註1）D・F・K　邦訳　大月版、上製版　七九頁
（註2）D・K・I　一四三頁
（註3）D・K・Ⅲ　五二三頁
（註4）三宅氏は、商業信用の特質を、商品をもつてする前貸として、他の前貸と区別することを主張している。
（信用理論体系I、商業信用と銀行信用　参照）。

かくして、商品生産の発展は、商品の譲渡とその価格の実現との時間的分離をもたらし貨幣に支払手段としての機能を与えることによつて、商品生産者たちの相互前貸を可能にする。このことが商業信用と規定されるとすれば「商業信用は、信用制度の基礎をなす。」（註1）のである。

（註1）D・K・Ⅳ　五二三頁

したがつて、商業信用は、単純商品生産範疇においてすでに成立しうるのである。

さて資本制的生産の発展につれて、商業信用は拡大され発展するのであるが、それは、銀行信用を引離して考察すれば、産業資本の増大に依存する。というのは、商業信用によつて貸付けられる資本は、産業資本の循環においてとる商品資本であるからである。

（註）前に述べておいた三宅氏の指摘は、この点から、正しいものと思う。

この商品資本形態での相互的前貸は、「一方の手で信用を与え、他方の手で信用を受ける。」（註1）のであるが、この信用授受の関係は、手形すなわち、一定の支払期限つきの債務証券によつて、保証される。

かくして、手形振出及び裏書きによる手形流通は、商業信用を増大させるが、これは、前にも指摘したように、本質的には商品生産社会の私的所有と使用のギャップを、私的所有の枠内において一応回避する可能性を与えるものであり、資本範疇のもとにおいては、流通時間の短縮と、流通期間中の追加資本の節約を可能にするものとして、資本の増殖を増大させる。商業信用の増大は、資本が必然的にとらねばならない流通費用を縮少することによつて、資本をたえざる増殖過程に就業させ、利潤率の低落を阻止する一要因たる作用をもたらすのである。しかるに、商業信用の増大が資本制的生産を発展せしめるのであるが、この発展は次に展開する商業信用の制約性と低触するにいたり、それを突破するにいたる。手形振出および裏書きによる再生産過程の商業信用による連鎖性は、「各人の支払能力は

他人の支払能力に依存する」（註2）という連鎖性であり、それは相互的債権の決済が資本還流、すなわち再生産の円滑に依存するということである。したがつて、各個別資本の最後的支払は、依然として、準備資本の必要性を消滅させないのである。更に、個々の信用期限の不一致、信用額の不一致は「現金での貨幣支払の必要をなくするものではない。」（註3）のである。

これら、商業信用の制約性は、その本質において、信用が私的信用として与えられている点から来るものであつて、資本制的生産の発展は、この私的信用を社会的信用に転化することによつて、その制約性を回避するのである。すなわち、銀行信用の発生を不可避ならしめるのである。（註4）

（註1）D・K・Ⅲ　五二三頁
（註2）D・K・Ⅲ　五二四頁
（註3）D・K　Ⅲ　五二四頁
（註4）川合一郎氏はこの点に関して次のようなみごとな分析を展開しておられる。
「商業信用の成立自体が、所有しているが、売れなければ使えないという特殊に商品経済的な所有と使用の矛盾の打開として生れたもので、私的所有の外被のもとにおける生産の社会的性格の発展を示すものではあるが、⑴それが単に孤立した一つの貸借関係にとどまらず、⑵信用の連鎖を結成するにいたることは、さらに才二段の発展であつた。⑶にもかかわらず、これからの信用の一層の展開にとつて、個別の信用の個別的雑多性が桎梏と感ぜられるようになつたのである。信用はさらに、私的所有社会における、社会面を示すというその概念にふさわしい形態を要求することになる。すなわち、個々の個別資本に対する信用から、商品社会全体に対する信用形態を要求するのである。
この社会的回流に対する信頼を受け止めるものとして、銀行信用が発生する。」（「資本と信用」有斐閣版）

B、銀行信用範疇の展開

銀行信用は、本来の貨幣の形態で貸付がなされるという点で商業信用と本質的に区別される。したがつて貨幣資本（利子生み資本）の範疇に属するのであつて、銀行信用の考察は、それを貨幣取扱業の発達に求めねばならない。この意味でマルクスは、「信用業の他の側面は、貨幣取扱業の発展に結びつくのである。」（註1）としているのである。

（註1）　D・K　Ⅲ　四三九頁

社会的総資本の視点からすれば、その一部は貨幣資本として存在し、他の一部は商品資本として存在する。それは商品と交換されるために市場に定在する貨幣資本と、貨幣に変えられるべき商品資本とである。したがつて産業資本の総過程の流通資本としての実存形態であり、それは社会的総資本として実存しなければならぬ一定部分である。これら流通資本の姿態変換運動は、これら移行を専門的操作として機能する、特殊的投資の事業として自立化させる。すなわち、商品取扱資本として自立化させる。さらに「産業資本および商品取扱資本の流通過程において貨幣が遂行する純技術的運動は、この運動をそして、この運動だけを、それ独自の操作として行う一特殊的資本の機能にまで自立化すれば、この資本を貨幣取扱資本に転形させる。」（註1）のである。

かくして、いまや、産業資本の一部分および商品取扱資本の一部分が貨幣形態で定在するとすれば、他方に、この貨幣取扱資本として機能すべき貨幣資本が定在しなければならない。この貨幣取扱資本機能の具体的内容は、たえず資本の運動に規定づけられて形成される蓄蔵貨幣、潜勢的貨幣資本、すなわち、購買手段の準備金、支払手段の準備金、貨幣形態で待っている失業資本、等々の保管操作である。これらの操作はまた、資本の機能に条件づけられているのであって、したがって、全資本家階級の貨幣機構として大規模に集中される必然性をもつものである。

資本制的生産過程および商業の発展は、ますます蓄蔵貨幣の増大を――それがたとえ、商業信用の増大が反対に作用したとしても――もたらすのである。すなわち、資本がたえず貨幣形態で現存せねばならない部分、支払手段の準備金、購買手段の準備金の集積をもたらす。これは蓄蔵貨幣の才一形態である。次に蓄蔵貨幣の才二形態として、遊休資本形態での貨幣集積、さらに新たに蓄積された未投下貨幣資本の集積も加わる。この才二形態の蓄蔵貨幣については、マルクスが特に「資本論」才二巻で展開した資本の回転運動によって生ずる資本の遊離化が大きな役割をはたすものである。この点についてマルクスは、次のように述べている。

「生産を中絶なく進行させるには、常に産業資本の一部分しか事実上生産過程で働きえないという、この主要契機をいつも看のがしている。一部分が生産資本として機能しうるのはただ他の一部分が商品=または貨幣資本の形態で本来的生産から引上げられているという条件のもとでのみである。このことが看のがされることにより、総じて貨幣資本の意義および役割が看のがされる。」（註2）

「かように単なる回転運動の機構によって遊離される資本は（固定資本の継起的還流による貨幣資本、および、各労働過程で可変資本に必要な貨幣資本と相並んで）信用制度が発展すれば重要な役割を演じなければならぬと同時に、また、信用制度の基礎の一つをなさねばならぬ。」（註3）

これら蓄蔵貨幣の増大と、それにともなう諸操作、支払、受領、決済の増大は、貨幣取扱資本を増大させるとともに、それはまた、貨幣資本の集積をもたらすものである。

これら貨幣取扱業のもとに集積する貨幣資本の量的増大は、特定点において、貸付可能資本に転化しうるものとなる。かくして、貨幣取扱業の発展は、「事業家たちの準備金の保管、貨幣の収支や国際的支払の技術的諸操作、したがってまた地金の取扱が貨幣取扱業者の手に集積する。」（註4）と同時に、「この貨幣取扱業と結びついて、信用業の他の側面、利子生み資本または貨幣資本の管理が、貨幣取扱業者たちの特殊的機能として発展する。」（註5）のであって、それは「貸付および借入の機能および信用取扱が貨幣取扱業の他の諸機能と結合するようになれば、貨幣取扱業は――たとえ初期のものでも――充分に発展」（註6）しているものとなるのである。したがってもはや、従来の単なる貨幣取扱業とは区別される銀行業として規定される。この銀行業について、マルクスは、「一般的にいえば銀行業者の事業は、この側面からみれば、貸付可能な貨幣資本を自己の手に大量的に集積し、したがって、個々の貨幣貸手の代りに銀行業者がすべての貨幣貸手の代表者として、産業的および商業的資本家に対応することにある。」（註7）と述べている。

（註1）Ｉ（7）Ｄ・Ｋ

さて、銀行資本範疇への貨幣取扱資本範疇の転化過程を展開して来たが、その結果は、銀行資本範疇が貨幣取扱業務と貸付業務を結合するという点で、貨幣取扱資本と区別されるものであることを明らかにした。この銀行資本の特質たる貨幣取扱業務と貸付業務の有機的結合、すなわち、両業務の相対的依存関係に関して、マルクスは次のように述べて「銀行が自由にする貸付可能資本は、いろいろな仕方で銀行に流れて行く。オ一に銀行は産業資本家たちの金庫業者であるから、それぞれの生産者や商人が準備金として保有する貨幣資本、または支払金として彼の手もとに流れて来る貨幣資本が、銀行の手に集積する。この準備金は、かくして貸付可能な貨幣資本に転形する。かようにして、商業世界の準備金が――共同準備金として集積するが故に――必要な最小限に制限されるのであつて、さもなければ準備金として仮睡するはずの貨幣資本の一部が貸出され、利子生み資本として機能する。オ二に、銀行の貸付可能資本は、銀行に貸付を委託する貨幣資本家たちの預金から成り立つ。さらに銀行制度の発展につれてまた殊に銀行が預金に利子を支払うことになれば、あらゆる階級の貯金および一時不用な貨幣が銀行に預けられる。いずれも、それだけでは貨幣資本として作用しえない小額のものが結合されて大量のものとなり、かくして一つの貨幣勢力を形成する。小額のもののこの集成は、銀行制度の特殊的作用として、本来的貨幣資本家と借手との間の銀行制度の仲介作用から区別されねばならぬ。最後に、だんだんにしか消費されないはずの収入も銀行に預けられる。」（註1）（註1） D・K・Ⅲ四四〇頁

かくして銀行は貨幣取扱業務と貸付業務を結合することによつて、一方において預金集積するとともに、それを貸付資本に転化――しかも預託高を越えて貸越をして――、他方において、このことは、貨幣資本家の預金条件を拡大する。これら銀行のもとへの貨幣資本の集中は、前に分析展開した商業信用の制約性を銀行信用におきかえることによつて信用を更に拡大発展させる基礎たるものである。

A、において考察したのは、商業信用の積極的役割とその制約性であつた。商業信用は、各個別的資本の商品をもつてする相互的前貸であり、したがつてそれは、私的に与えあう信用たるにとどまるものであつた。このことから、信用の連鎖性が個別的資本の還流条件に依存し、したがつて最後的には、その決済のために準備金が必要とされ、また同時に貨幣による支払可能性が消滅するものではなかつた。これからの点に、商業信用の制約性を検出した。しかるに、貨幣取扱業の発達による銀行業の発生は、そこに貨幣取扱業務と貸付業務を統一することによつて、社会的貨幣資本の一層の集積をもたらし、この社会的貨幣勢力をパックとして、個別的信用たる商業信用を自己の債務化によつて拡大せしめるのである。それは銀行による手形割引及び銀行券発行において、行なわれる。（註1）

（註1）銀行券とは「いつでも持参人に支払われうる、銀行業者によつて個人手形に代用される銀行業者あての手形にほかならない」（D・K・Ⅲ 四四〇頁）

というのは、オ一に手形振出人の支払能力の不安定性に対しては、銀行がその保証を行い、オ二に、商業信用期間の不一致は、その保証を「一覧払」にすることによつて回避され、オ三に、取引金額の雑多性は銀行内において調整されうるものとなる。

かくして、「銀行は個々人の商業信用の中に一歩立入つて自らの債務としてこれを受け金額的にも、原債務とは別個に、分解、結合しうるようになさねばならない。これを商業信用の象徴であつた手形の例に即してみればたんなる保証の場合には、原手形の上に外から保証約束を書き加えただけでよいが、一覧払保証として原債務の期限とは別の支払期限をもつようになると、原手形とは別個の自分の手形におきかえねばならないし、金額の点では、加除しやすいように一定額ずつに分割せねばならなくなる。銀行券がこれである。」（註1）

この上うに、銀行信用が介入することによって、商業信用の制約性は拡大され、手形は支払手段として個別的資本間の流通用具たることをやめ、ますますそれを転化されたるものたる銀行券におきかえ、かくすることによって、相殺の範囲をひろめ、貨幣の必要を減少させる。そして銀行による信用代身は、よく知られていない信用を、よく知られている信用におきかえることによって、信用利用度を更に増大させるのである。

（註1）　川合一郎「資本と信用」

※　※　※

さて、商業信用の発展が銀行信用をもたらしたとすれば、銀行信用は単に商業信用の補助的役割に止まるものではない。

商業信用は、個別的資本の商品資本による相互前貸として規定づけられるとすれば、それは産業的および商業的機能資本として現実に機能している資本の増大に、この信用の増大が依存しているのであって、この特質は、商品生産の発展にとって、もはや不十分なものとなるのである。しかるに、銀行信用はこの商業信用の限界性を回避するのに、一定の役割を演じたとすれば、それはもはや、そこにとどまるものではなく、たえざる貸付可能な貨幣資本を一方において集積するとともに、他方において、資本制的生産力の発展と同じ表現である一般的利潤率の低落による産業資本主義の個別的、分散性と機能しうる資本最低量の増大との抵触が、他人資本利用を要求する点において銀行信用の介入がますます大きな役割を得るにいたるのである。銀行信用の新局面とその限界性、そしてそれの回避過程は次節において展開する。

才二節　銀行信用と資本信用

商業信用範疇は、産業資本の再生産過程に規定づけられるものである。けだしそれは、産業資本がその循環においてとる商品資本の相互前貸であるからである。これに対し、銀行信用範疇は産業資本の再生産条件に規定されるものではなく、それから独立した信用範疇である。けだし銀行信用は、銀行の貸付可能な貨幣資本の増大にのみ規定づけられるからである。したがって、銀行における貸付可能な貨幣資本の増大は、銀行信用をあらゆる分野に拡大しうる可能性を与える。といっても、そのもとにおける貸付可能な貨幣資本の絶対量によって制限されるのであって、それは銀行資本の集中運動をもたらしめる原因でもある。

銀行信用は一般的にいって、その回流性から流通信用と資本信用に分裂する。この流通信用は、前に展開した商業信用の制約性を回避するために創造された信用形態であり、商業信用範疇に属するものである。資本信用は銀行信用の主要な部分であって、一般的には休息貨幣資本の機能資本への移転機能としての信用であるが、この信用は更に、流動資本信用および固定資本信用に分けられる。（註1）

（註1）「ところで、流通信用そのものによっては一生産資本家からの他の生産資本家への貨幣資本の移転もおこらなければ、他の（非生産的）階級から資本家階級への貨幣の流入（この階級により、それが資本に転化されるために）もおこらない。だから流通信用は現金のかわりをするのであるが、これに反しどんな形態の貨幣にせよ――したがって現金であるか信用貨幣であるかに関係なく　これを休息貨幣から機能貨幣資本に転化するという機能をもつ信用を、われわれは資本信用（Kapital kredit）とよぶ。資本信用というのは、この移転がつねに生産資本諸要素の

購買により、貨幣資本として充用する人への移転だからである。」（D・F・K　一二六頁）

「一般的にいつて、銀行信用は、その回流性の看点から、流通信用と資本信用に分れる。本来の流通信用は、商品形態の資本は存在するが、これを貨幣形態に転形する必要のある場合に要求され、商品売買の完了とともに迅速に回流する。商業的運動資金に利用される典型的な場合である。才二は同じく運転資金の需要であるが、商品資本の存在しない場合のそれであつて、この場合の信用は、資本の前貸として資本信用の性格をもつ。かかる流通過程のための資本信用は、純粋の商業過程においても存在しうるが、そこでは売と買の連続性のゆえに、その回流性においては、才一の流通信用の場合とあまり変らない。しかし、それが工業生産の運転のために要求される場合には、生産期間の介在によつて、その回流性はより長期化するから、この信用の要求の必然性もまた増加する。従つて、この種の流動資本信用は、工業金融の一分野を占める。才三は、同じく資本信用でも、生産過程そのものの設備資金に要求される場合であつて、その回流は最も長期であるから、工業金融の固有の部面を形成する。」（イギリス金融資本の成立　生川栄治　）

すでに、前章で展開したように、資本制的生産の発展は、利潤率の均等化からさらに、一般的利潤率の低落をもたらすのであるが、このことは、利潤率の低落を絶対的利潤量の増加において償おうとする傾向をもたらしめることによつて、資本が機能しうる資本最低量が増大する。この作用のたえざる反復は、個別資本の絶対量において償えない点にいたるのであるが、このことは一方に、その自立性を失い、信用業にその使用を委託する資本過多を生ぜしめると同時に、他方には、他人資本利用の可能性拡大を要求せしめる。前者は、それが銀行における貸付可能資本の集積をもたらすことによつて、銀行信用を増大させ、後者は、この銀行信用、すなわち資本信用への需要を増大させる。この後者への不可避性は、商業信用の作用によつては阻止しえないことは勿論である。なぜなら、商業信用は、現実に機能している資本の完全なる就業をもたらしはするが、――そして、このことは、特定点までは、利潤率の低落を阻止するのであるが――その資本量を増大させることはできないからである。かくして、産業資本の銀行信用への要求は、資本信用需要として行われる。資本信用は才一に、流動資本信用として与えられる。資本信用の大いさは、同じことではあるが、銀行信用の大いさは前に展開したごとく、銀行における貸付可能な貨幣資本の大いさに規定されるのである。したがつて、その大いさの増大につれて、信用授与の大いさが――しかし、比例的にではない、複比例的に――増大するのであつて、当初は、流動資本信用として与えられていたのである。この流動資本の購入に前貸される貨幣資本は資本の回転期間の終結とともに回収されるのであつて、この信用は比較的短期なものである。しかるに、資本信用が特定点において、固定資本信用として与えられると、もはや、事情は異つたものとなる。資本の回転期間の終了によつては回収されず、その還流は、固定資本が機能しうる全期間の終了によつてもたらされる長期信用である。しかも、資本制的生産の発展は、たえずこの固定資本の増大において行なわれるのであるから、この信用額は厖大なものとなる。したがつて、銀行がもし、固定資本購入に貨幣資本を前貸したとすれば、厖大な貨幣資本を長期にわたつて固定しなければならない。この厖大な貨幣資本の長期的固定化は、ヒルファーディングの指摘（註1）のように、産業資本と銀行資本の利害関係を密接なものたらしめ、それの結合の基底的要因たるものである。

（註1）「銀行が産業資本家に生産資本を融通するところまでくれば、事情が一変する。そうなれば、銀行の利害関係は、もはや、企業の瞬間的状態や瞬間的市況にかぎられるものではなく、いまや、むしろ、企業のもっと遠い運命や市況の将来の形勢が重要となる。瞬間的な利害関係から継続的な利害関係がうまれ、そして、信用が大きいだけ、なかんずく、固定資本に転化される貸付資本部分が多くなればなるだけ、この利害関係は、ますます大きく、かつ永続的となる。同時にまた、企業に対する銀行の勢力がます。」（D・F・K　一四〇頁）

しかし、この結合関係の一面的強調は、銀行信用の内的矛盾関係の理解が不十分な場合、銀行資本支配論の強調に終ってしまう。

銀行信用の発展による固定資本信用は、銀行の貸付可能な貨幣資本の厖大な部分を長期的に固定化するのであるが、このことは、銀行信用が貸付資本一般とは異るものである点から、すなわち、銀行信用の内容たる貸付可能な貨幣資本の大半は預金であり、したがつて流動性をもつものであることから、一定の限界が与えられる。

銀行信用の発展たる固定資本信用の増大は、貸付資本を、ますます非流動化させるのであるが、この信用の増大は特定点において、それ自身の流動性の要求と抵触するにいたるのである。この抵触がいかに回避されるかが重要な点である。というのはこのことが信用制度の一層の発展指標を与えるものであるからである。

銀行信用の産業資本への固定化による、貸付資本の非流動化が、その流動性の回復を産業資本の直接的返済に求めることは不可能であるといわねばならない。なぜなら、銀行信用、とくに資本信用によつて貸付られた貨幣資本は、すでに、現実の機能資本に転形されているからである。しからば、流動性は、いかなる方法でもたらされるべきか。それは産業資本自らが流動化することによつて、すなわち、擬制資本化することによつて流動性を回復するのである。産業資本は、そのもたらす収益にもとずいて計算される、異つた資本価値を受けとることによつて、二重の資本として存在し、この擬制資本は、その所有名義を売買することによつて、資本を動員することを可能ならしめる。この資本動員は、前に述べた産業資本自身の流動化があつて、ここに、銀行信用の限界性を回避する可能性を得るにいたるのである。

かくして、銀行の手もとに、それ自体では機能資本に転化しえない小額の貨幣資本が、銀行業のもとに集積することによつて、貸付可能資本に転化され、銀行信用範疇の発展たる資本信用を拡大発展させる。しかるに、銀行業の本質であるところの貨幣取扱業務と貸付業務の有機的結合によつて、可能ならしめられる銀行信用は、それ自体、貸付資本の流動性を本質上、内包しているのである。銀行信用範疇の発展たる資本信用、とくに固定資本信用は、その回流性からいつて、長期の信用でありその資本価値からいつて、資本制的生産の発展は必然的に、この資本量を増大せしめる故に、貸付額を厖大なものたらしめるのである。このように、固定資本信用の増大は、銀行によつて自由にしうる、貸付可能な貨幣資本の大半を長期的に固定化するのであるが、これは、銀行信用範疇と矛盾するにいたる。この矛盾は、本質的には、資本制的生産関係に対する生産力増大の矛盾の表現であり、生産の社会的性格と所有の私的性格の矛盾であり、ますます増大する社会的生産手段の機能が、私的所有と抵触する表現である。生産の社会的規模への発展と私的所有との抵触、矛盾局面の展開は、貨幣の流通手段からの支払手段への転化による、生産者間の私的な相互前貸としての商業信用を生み、次に、貨幣取扱業の発達による銀行業の確立は、それが社会的貨幣資本を集積することによつて、信用の私的規模を社会的規模に発展せしめる銀行信用を生み、次には、さらに、銀行信用の資本範疇としての制約性（註1）を回避して、直接的に社会的貨幣資本の動員を可能にする擬制資本制度を生み出したのである。

（註1）銀行信用の制約性を資本範疇に求めたのは、銀行はたしかに、社会的に遊休する貨幣資本を集積することによつて、貸付資本化するのであるが、それは、けだし、銀行資本としての貨殖に本質的に規定されるからであり、またこの貨殖は銀行資本の預金部分の増大によつて増大するのであるが、それは同時に、たえざる払戻しを内包しているものである。この点こそ、銀行資本を単なる貸付資本一般と区別しなければならないのであつて、その同じ理由は銀行信用の回流性、流動性を不可避ならしめるのである。
　この点については、生川氏が「イギリス金融資本の成立」において、論証された、イギリス銀行集中過程の形態を参照しても明らかである。すなわち、地方工業に対する資本信用は、長期的固定化として、非流動性たる特質をもち、ロンドン都市における信用は、流動性に富んでいる。しかし、前者は当然にも、産業資本への貸付であるところから利子率は高く、収益性に富み、後者は商業資本への貸付であるところから収益性が低いのである。そこで、銀行集中の必然的な形態は、「ロンドン＝地方銀行」なる、両極的統一として、帰結されるのである。かくして、都市における流通信用的特質と、地方における、資本信用的特質との統一を不可避ならしめる理由は、銀行信用の矛盾の表現であると同時に、それは前に述べたように、その固定化に対する流動性を確保しなければならない、銀行信用の限界性制約性を表現していると考えられる。

以上において、われわれは、信用それ自体の側面から、信用制度の発展過程をみてきたのであるが、擬制資本範疇の確立はその考察を資本がとる全般的運動に求めなければならない点にいたつた。なぜなら、擬制資本は一方において、信用の発展によつてもたらされたものであり、信用の最高の産物であるが、他方において、また、それゆえに、資本制的生産様式に一定の質的変化をもたらす、媒介要因でもあつたからである。次節においては、この視点から、擬制資本の全般的考察を進めるとともに、本章の総括をも兼て展開する。

才三節　擬制資本と資本市場

前の才一章において、われわれは、一般的利潤率の低落と資本集中の抽象論的展開を試みた。それは、一般的利潤率の低落が資本の機能しうる最低分量を増大せしめることによつて、私的、分散的な資本の存在形態と抵触し、したがつて、集中化傾向の不可避的過程として表はれるということであつた。このことは同時に、資本の本来的存在形態である、生産手段の私的所有と私的使用が、生産規模の増大によつて、桎梏として現象しつつあることをその本質的要因とするものであつた。これら抵触局面のたえざる増大は、機能しつつある資本をして、ますます他人資本の利用を要求する過程において、すなわち、信用制度の発展を促進するという点で回避せしめるものであつた。したがつて、商業信用の一定の発展と銀行信用の確立が、それに照応するものとして作用した。

　産業的、および商業的資本の金庫業としての貨幣取扱業の発展は、そのもとに貨幣資本の集積をもたらすことによつて、貸付資本に転化しうる可能性を得るのであるが、このことは、利子生み資本範疇を形成する。銀行資本を形成市場とする利子生み資本範疇の確立は、それが一般化するにしたがつて、およそ貨幣という貨幣はすべて一定の利子を生むものと意識されるにいたるのである。マルクスは、この点から、企業者利得と利子の分析を展開するのである。すなわち、企業が取得する利潤の企業者利得と利子とへの量的分割から質的分割に変化するのである。

　利子範疇の成立は、当然なことではあるが機能資本たる産業的および商業的資本が、自己資本だけでなく、借受資本を充用するかぎりにおいて、利潤の一部分を資本の所有者に支払われねばならないという関係から成立する。したがつて、それは、機能資本家と貨幣資本家との分裂がすでに前提されている。しかるに、この過程は、銀行資本の貨幣勢力としての形成によつて、すでに与えられているところである。そして、そのかぎりにおいては、純利潤と利子への量的分割が与えられているだけである。われわれの考察は、今や、質的分割に向けられねばならない。けだし、この点にこそ、擬制資本範疇と資本集中の関連性を検出しうるからである。

　マルクスは、この利潤の純利潤と利子への量的分割がいかに質的分割として生ずるかについて、次のように自ら設問し、答えている。

「そこで生ずる疑問はこうである。純利潤と利子へのこの純粋に量的な利潤分割が、質的分割に転変するということは、どうして生ずるか？　換言すれば、自己資本だけ充用して、借用資本を充用しない資本家も自分の総利潤の一部分を利子という特殊的範疇に入れ、またかかるものとして特殊的に計算するということがどうして生ずるのか？　したがつて、さらに、すべての資本が――借受資本であつてもなくても――利子生み資本として、純利潤をもたらす資本として、自分自身から区別されるかということが、どうして生ずるか？――

　ひとの認めるごとく、利潤の偶然的な量的分割が、どれだけでもこの方式で質的分割に転変するわけではない。たとえば、若干の産業資本家は、組合をつくつて事業を経営するがその場合には利潤を、法律的に確定された取極めに従つて相互に分配し合う。他の産業資本家たちは、彼らの事業を各自に仲間なしに経営する。この後者は彼らの利潤を二つの範疇に分けて――一部分を個人的利潤として、他の部分を居りもしない組合員たちのための会社利潤として――計算しはしない。だからこの場合には、量的分割は質的分割には転変しない。こうした転変は、たまたま所有者が複数の法的人格から成り立つ場合に生ずるのであつてそうでない場合には生じない。」（D・K・Ⅲ 四〇七頁）　（傍点――引用者）

　このように、利潤範疇の企業利得と利子なる特殊範疇への質的分割は、資本集中の特定程度の発展によつてもたらされるのである。マルクスが述べているように、「こうした転変は、たまたま所有者が複数の法的人格から成り立つ場合に生ずるのであつて、そうでない場合には生じない。」という事情によつてである。われわれが才一章で考察した、集中化法則は、才一段階において、機能資本間の直接的結合をもたらすのであるが、それはすでに、利子生み資本範疇の確立によって、資本の所有と資本の機能という二つの概念をもたらすのである。さらに、この結合による資本の増大は、利子生み資本範疇を基底に、資本の所有者を単なる投資家としての無機能資本たらしめるのである。

かくして、資本の集中傾向が個別的、私的資本形態から、その形態を法人化することによって、一方に、機能によって与えられるべき所得としての企業者利得と資本の所有者に対して支払らわれるべきものとしての利子への利潤の分割が与えられるとすれば、他方には、この形態の一般化によって、ますます、資本の所有者を、機能から分離し、資本の所有者をして貨幣資本家たらしめるのである。

したがって、このように、利子生み資本範疇の一般的形態に機能資本の所有者が包摂されるということは、当然にも、この資本の運動をして与えられる収益、すなわち、利子率によって規定されることになる。

しかるに、無機能資本への、剰余価値たる利潤の分配の比率は、それぞれの資本によって異っている。とくに、この段階における資本集中によって、資本の優劣の差は大きなものになつている。これらの事情は、必然的に所有資本家の投下資本の引上げと、他への投下を可能にする手段を要求せしめることになる。しかるに、現実に投下した資本は、生産資本および商品資本に転形されているのであってもはや機能しつつある現実資本に転形しているのである。この事情こそが、産業資本の擬制化を成立させる基礎たるものである。そこで事態は次のように展開される。

才一に、資本の投資額に対して、一定の規則的な貨幣所得（利子または配当）を保証する有価証券が発行される。したがつて、この有価証券は、一定の剰余価値の分配に対する請求権たるものである。才二に、規則正しく反復される収入は、平均利子歩合によって、――この利子歩合で貸出される一資本がもたらすべき額として――計算することによって資本化され（註1）したがって、一定の価格を受けとる商品となる。才三に、この商品たる請求権は、売買の対象になる。すなわち、所得が一定なら、利子率によって規定される価格で売買されるのである。

（註1）　D・K・Ⅲ　五一〇頁

以上の擬制資本の考察は、ここではさらに立入ることは避けるとしても、この制度の確立によって、銀行信用の制約性は回避され、直接的に社会的資本の動員が可能になるのである。銀行は、この制度の確立によって、厖大な固定資本への貸付を直接的に行はなくてすみ、彼は、株式の発行を引き受けることによって、貨幣資本を融通するが、回流性が必要な場合には、その株式を有利な価格の際に手放すことによって、貨幣資本の回収を行うことができるようになるのである。擬制資本化による所有名義の売買は、資本市場を完成する。

資本制的生産様式の発展は、それ自体のうちに、同時に止揚要因が発展する。生産の社会的性格と所有の私的性格の矛盾は使用と所有の背離として、具体的な資本の運動上に表われる。この回避が信用に求められ、商業信用から銀行信用へ、銀行信用から擬制資本へと発展して来たのを、われわれはみてきたのである。ところでわれわれはは、本稿才一章における資本の集中運動の考察においては、その特質を貸付資本範疇の導入によって、所有の集中を伴うことなく、資本の集中が行なわれることが可能である点に求めるにとどめた。しかるに、いまや、擬制資本の考察によって、より具体的に展開することができる段階に到達したのである。擬制資本の運動は、それ自体、現実資本の運動とは異つた独自な運動を展開する。それは利廻りの平準化過程である。しかるにこれは、他方に、資本の直接的動員を可能にするものであり、一般的には、社会的貨幣資本の動員可能性として与えられている。このことは、資本市場として、機能資本に映じるのである。資本が機能しうる最低分量のたえざる増大は、一方に資本需要を増大させるのであるが、他方には、資本の過剰を生ぜしめ、これは、貨幣資本に転化される。集中の才一段階においては、機能資本間の直接的結合によつて機能資本量を増大することになる。これは、現実に投下され、機能している資本の量的矛盾の一応の回避となるが、しかし、経営権の問題が残されることによつて、一定の限界をもつものである。しかるに、擬制資本制度の確立による資本市場の成立は、集中運動に質的転換を与えそれは、才二段階、しかも完成された形態として与えられる。けだし、それは個別的に、現実に機能している資本、物的形態をとつている資本の集中を行う必要を消滅させ、したがつて経営権の問題が回避される。

資本は、もし、増大させるとすれば、それは株式の発行によつて、資本市場から貨幣資本を動員することが可能となるのである。しかるに、これが資本の集中であるのは、収益力の小さい、したがつて、弱小資本は、この資本動員が不可能であるということである。けだし、もし一般的利子率が与えられていれば、配当率によつて株価は騰落するのであり、配当率が少ない場合には、利廻りは常に一定となるように計算されるから、株価は、額面金額を割つて下落し、資本の動員は不能になるからである。かくして、収益力の大きい、したがつて巨大資本にのみ、ますます厖大な資本動員の可能性が与えられているということである。巨大資本は、このように、大資本を動員することによつて、自己資本化する可能性をうるとともに、この資本力は、中小機能資本を系列化する面にも使用する可能性を与えられている。

× × ×

かくして、銀行信用の形成による利子生み資本範疇の確立は、特定段階において、貨幣たるおよそ一切の貨幣は、貸付けられることによつて、一定の利子をうけとるものであるという一般的概念が成立する。このことによつて、全休息貨幣は、貸付可能な資本に転化され、利子生み資本それ自体を増大せしめる。これら相互作用による銀行信用の発展は、それがますます資本信用への貸付を増大することによつて、同時に固定化が増大し、回流性が阻害されるにいたるのである。他面、資本集中運動は機能資本の直接的結合をもたらすのであるが、この結合形態は資本の量的側面を解決しても、経営権の問題を解決することができず、やはり一定の限界を受けとることになる。かくして、利子生み資本範疇の更に一層の発展が展開される。すなわち、定期的な貨幣所得は、それが何によつてもたらされるかを問わず、一定の資本の利子として計算されることにより、一般的利子率によつて、資本還元され価格をもつ擬制資本として意識されるにいたるのである。この資本の擬制化によつて、資本は回流性をうるにいたり、資本市場が一般的に完成するのである。ひとたび擬制資本が確立されると、資本集中運動は質的変化をもたらされ、機能資本の直接的結合によつて、資本量を増大させる必要はなくなり、ますます、資本の所有と資本の機能は分離されるにいたる。かくして、私的所有制の枠内において、資本を最大限に動員する可能性が与えられ、資本集中は所有の集中を伴うことなく、無限に増大しうる可能性が与えられ、生産の社会的規模への発展が保証されるにいたるのである。ここにおいて、われわれは、信用が集中の有力なテコとして展開されることによつて、すなわち、擬制資本を媒介的要因として集中運動が展開されることによつて、必然的に金融資本たる構造を独占段階にもたらすものであることを検出しうるのである。

才三章　独占資本主義の経済構造

われわれのこれまでの考察は、独占資本の成立過程にその対象を置いた。それは、独占資本主義の構造的特質は、その成立過程によつて規定されているということからである。具体的には、今まで見てきたように、資本集中形態が信用によつて媒され、独占資本主義の構造的特質が全融資本という独自の範疇を形成することになるのである。

資本制的生産における信用のはたした役割の全体的な自然史的考察を回避して、単に金融資本をして、銀行資本と独占的産業資本の結合であるとする性急な結論は、基本的な独占段階の資本関係を、あるときは、過大に評価し、あるときは過少に評価する、という皮相的な見解を生みだすことになる。われわれは、あくまでも、現実的過程に立脚して、産業資本主義から独占資本主義への形成転化の過程を論理的に展開することを、その分析視角としてきたのである。マルクスが「資本論」において、「一般的利潤率の傾向的低落の法則」から信用論へ論理を発展させ、最後に「現実資本と貨幣資本」の分析に求めて行つた分析視角は、それが当然にも、「具体的諸形態」に、ますます近づくことであつた。しかるに、その後の資本制的生産様式の発展は、独占資本主義に転化され、したがつて、マルクスが考察した、「具体的諸形態」への接近は、さらに発展、展開され、促進されねばならなかつたにもかかわらず、その間の論理的展開をみることなく、皮相的な現実指摘のみの叙述傾向が、マルクス経済学界に多々みられるようになり、したがつて、現代資本主義の基本的一般的特質を把握するに、常に誤謬を繰返す結果となるにいたつたのである。

われわれは、前に述べた分析視角から、前二章において得られた論理的帰結を、さらに発展させ、独占資本主義の経済構造を明確にすることを中心に、本章の叙述を展開する。その中心点は、これまでの考察では、資本集中過程において、信用の積杆的作用による、集中条件の回避局面を、その進展性において とらえたのであるが、しかし、その集中による資本規模が社会的規模に増大したとしても、依然として、資本範疇の枠内においてである。したがつて、資本増大の進展性は、依然として、必要条件であつて、十分条件ではない。生産条件のたえざる進展性は、資本範疇のもとにおいては、依然として、実現条件、すなわち、市場関係によつて規制されているのである。一定の矛盾の回避は、さらに拡大された矛盾局面の展開を不可避なものとするのである。これら、進展性と阻害性の相対的な、矛盾関係は、資本蓄積の要因であり、同時に資本運動の全姿態の基本的要因である。

したがつて、われわれの考察を、より十分なものとし、現実過程へより接近するためには、これらの矛盾関係の拡大された姿態を展開しなければならないのである。本章の中心点を、以上のところに置くことを企図したのである。

才一節　株式制度の特質

貨幣取扱業の発展による、銀行資本の確立は、利子生み資本範疇の一般化によつて、産業資本の貨幣資本を利子生み資本に転化するのであるが、この転化の媒介的機能は銀行によつて行われる。かくして、銀行は、貨幣資本を集中して、産業的および商業的資本に対置するのである。貨幣資本と現実資本は、ここにおいて異つた運動を展開し、利子生み資本範疇を媒介として、相互的な依存関係を確立する。この関係のたえざる反復は媒介的要因たる利子生み資本範疇の高度な発展形態である擬制資本を創出するのである。かくして、貨幣資本と現実資本の相互的依存関係は擬制資本を媒介要因として展開される。

擬制資本の主たる形態は、株式と国債であるが、ここでは株式の考察のみを展開する。けだし、現実資本との関連が、ここでの問題であるからである。

株式会社の資本は、株券の発行によつて調達される。この発行された株式は、一定の配当に対する請求権であり、したがつて、一般的利子率によつて、その配当額が資本還元され、一定の価格をうけとる擬制資本である。（註１）

（註１）このことに関して、川合一郎氏のすぐれた分析を引用しておく。

「株式会社によつて集められた、社会の遊休資本は、本来他人資本たるべきものであるに拘らず、『自己資本』と擬制されたのであるが、『自己資本』とされた以上は、会社はそれに対して利潤を配当として引渡さねばならない。これは擬制の結果として当然である。ところが、この貨幣額がまた、外部の利子生み資本範疇によつて、『利子』として擬制され、再評価し直されるのである。利子生み資本範疇確立下では、社会の一切の遊休貨幣は貸付けうべき貨幣資本として供給されるのであるが、これが二度の擬制化の過程を通つて、やはり貸付資本たる自己の本性を貫徹するのである。一度自己の本性に反して、『自己資本』なる人為的擬制をうけた貸付資本は、もらうべき、『利潤』を再び『利子』に擬制し直して、貸付資本たる自己の法則を貫徹するのである。すなわち、

貸付けうべき貨幣資本　→人為的擬制→　「自己資本」
「利子」　↑　「利潤」

これが、貸付けうべき貨幣資本によつて自己資本を賄うという、株式会社の特徴の秘密である。」（経済評論、昭和二十六年二月号　論壇「金融資本とは何か」――独占資本と株式会社）

かくして、株式会社は、株主が現実に投下した結合資本であると同時に、それは利子生み資本範疇たる擬制資本である。しかし、この資本は、二重に存在するのではない。この点についてマルクスは、次のように述べている。

「信用業は結合資本を生み出す。証券はこの資本を表示する所有名義たる意義をもつ。鉄道会社、鉱山会社、船会社などの株式は、現実資本すなわち、これらの企業に投下されて機能しつつある資本、または、資本としてかかる企業に支出されるために株主たちによつて前貸されている貨幣額を表示する。といつても、それらの株式が単なる眩惑を表示することがない訳では決してない。だが、この資本は二重に、すなわち、一度は所有名義たる株式の資本価値として、もう一度は、右の諸企業に現実に投下された、または投下されるべき資本として、実存するのではない。それは後者の形態でのみ実存するのであつて、株式は、この資本によつて実現されるべき剰余価値にたいする按分比例的な所有名義に他ならない。」（D・K・Ⅲ 五二頁）

株式の発行によつて調達された資本は、現実には機能資本に

転化されるのであつて、株式資本は、諸個人の資本が直接に結合した資本形態であることには変りはないのである。また所有名義の変更――株式の売買によつて生ずる――によつては、何ら事態を変化させないのである。すなわち、「Aはこの名義をBに売り、Bはこれを C に売るかもしれない。こうした取引は事態の本性を何ら変化させない。右の場合、AまたはBは、自分の名義を資本に転形したのであるが、Cは自分の資本を、株式資本から期待されるべき剰余価値の、単なる所有名義に転形したのである。」(D・K・Ⅲ 五二頁)

右の説明の通り、A、Bは資本を引き上げたのであり、Cは現実に自己の資本を投下しただけである。株式資本には何らの変化もないのである。

これら、株式の機能は、利子生み資本範疇の発展たる擬制資本を媒介因とする資本集中形態の特質であるが、かくして、社会的資本の結合による株式会社の形成は、資本制的生産様式にいかなる意義をもたらすものであろうか？

この点について、マルクスは次のように述べている。

「Ⅲ、株式会社の形成。これによつて――⑴個別的諸資本にとつては不可能であつた生産および企業の規模の、厖大な拡張。同時に従来は政府企業であつたような企業が会社企業となる。

㈡即自的に社会的生産様式に立脚して、生産手段および労働力の社会的集積を前提とする資本が、この場合には直接に、私的資本に対立する社会=会社資本(直接に結合した諸個人の資本)の形態をとるのであつて、かかる資本の企業は、私的企業に対立する社会=会社企業として登場する。これは、資本制的生産様式そのものの限界内での私的所有としての資本の止揚である。

㈢現実に機能する資本家が、他人の単なる支配人、管理人に転化し、資本の所有者が単なる所有者、単なる貨幣資本家に転化する。」(D・K・Ⅲ 四七八頁)

かくして、株式制度による、社会的資本の結合形態は、資本関係に新たな質的変化をもたらすものである。それは才一に資本規模の拡大、それは同時に、生産の社会的規模への増大を無制限に可能にするものであり、また、才二に、そのことは、一たん株式資本が成立するや、それは、個別的な私的資本に対立し、たえずそれを駆逐するものになり、(註1)才三に、「かかる資本の機能と資本の所有を完全に分離することにより、企業は単に利子しか、もたらさなくても可能であ」(註2)るという点に求められる。

(註1)これらの株式会社の優位性について、ヒルファーディングは、資本調達の容易さ、したがつて蓄積の容易さ、新技術の導入、設備更新の容易さ等をあげて、説明している。(金融資本論才二篇、才七章三株式会社と個人企業)

(註2)D・K・Ⅲ 四七九頁

これら株式会社形態が、資本の存在形態として確立されるや、その発展性は、従来の産業資本主義の段階に止まるものではなく、必然的に独占的巨大資本を各生産部門に創出する。このことについてマルクスは、次のように述べている。

「これこそは、資本制的生産様式そのものの内部での、資本制的生産様式の止揚であり、したがつて、自己自身を止揚する矛盾であつて、この矛盾は、一見あきらかに、新たな一生産形態への単なる通過点としてあらわれる。かかる矛盾として、それはまた、次の現象にもあらわれる。それは特定部面で独占を生みだし、したがつて国家の干渉を誘発する。」

と、そして、

「これは、私的所有の統制なしの私的生産である。」（D・K・Ⅲ　四八〇頁　傍点—引用者）

ここでマルクスは、不充分にしか述べていないが、「独占を生み出す」可能性を指摘していることは確かである。マルクスの不充分さを補足して、エンゲルスは、次のようにつけ加えている。

「以上のことをマルクスが書いて以来、周知のように、株式会社を二乗、三乗したものを表わす新たな産業経営形態が発表した。あらゆる大工業の領域では、今日、生産が日々増大する速さをもつて増加されうるが、その速さは、この増加する生産物のための市場拡大のたえず増大する緩慢さと対立する。」「かくして、個々の部門——といつても生産段階がそれを許した部門——において、この事業部門の総生産が、統一的指導をもつ一大株式会社に集中されるようになつた。」

貨幣資本の独自的運動たる利子生み資本範疇を基底に、産業資本＝現実資本の集中が行われるのであるが、それがとる具体的形態は、株式会社形態である。この近代株式会社組織の確立は、イギリスにおいては、十九世紀の才三、四半期、六、七十年代とされ〔註1〕ドイツにおいては、同様に、一八四〇年頃とされている。

かくして、株式会社たる擬制資本を媒介とする資本の集中形態は、それが確立されるやいなや、それは、これまでの私的資本の制限を除去することによつて、私的資本では不可能であつた生産規模の社会的規模への拡大を可能にするものであり、したがつて、社会的資本を自由にすることを可能ならしめるものである。このように、株式会社たる資本の存在形能の確立は、社会的資本の動員、したがつて、私的資本によつては制限されない資本規模の拡大をもたらし、資本の競争戦において、絶対的優位を確立する。資本の優位は、商品市場における優位をもたらすことによつて、それは独占を確立する。しかしこれは、一般的な表現であるが、事態は、株式資本による生産規模の拡大が増大する商品量として現われ、エンゲルスが前の引用で述べているように、これに対する市場の拡大が、緩慢にしか照応しないため、たえざる集中過程は、カルテル、トラスト形態による市場独占、生産制限等が発生し、これが独占資本主義を確立するのである。

かくして、現実的資本の運動は、独占資本を形成するのであるが、これまで展開してきたように、この独占資本の存在形能は、株式資本であり、したがつて、貨幣資本との関連性においてのみ把握されねばならない。この点の把握が、ヒルファーディングによつて与えられ、レーニンによつて補足された、金融資本範疇の検出である。この点について、生川氏は、次のように述べている。

「一般的に、産業資本の集中が独占形成の基礎であるとされているが、この独占が金融資本化するには、企業金融過程の媒介を欠くことができない。というのは、金融資本なる関係は、私的所有の集約において単なる独占のそれよりも高度な発展を示し、したがつて、資本家社会の限界内で、資本の支配にヨリ社会的な性格を実現するのであるが、この場合に独占そのものの関係が、生産行程の物的条件によつて制約されている個別的限界を、資本家社会的な分野にまで拡大する結合環を用意するものが、企業金融過程にほかならないからである。もちろん資本がもつ私的限界のこの段階においての拡大は、従来は、主として銀行信用との結合によつて説明されてきたのであり、これが金融資本の資本家社会的性格実現の最大の根拠であることは、いうまでもない。しかし、銀行信用が、このような社会関係を形成しうるのは、その反面で独占化した産業資本が、企業金融過程の新たな展開をなしつつあることを前提として可能である。この意味で、金融資本化の基礎をなすものとして産業資本の集中――独占過程をいかに強調しても、その企業金融過程を明確にしないならば、それは単に、金融資本形成の可能的条件を述べたにとどまるといわねばならない。」（イギリス金融資本の成立　才二章三七頁）

この生川氏の論述は、一面に、金融資本規定には媒介的要因としての企業金融過程の分析なくしては不十分なものとなることを主張する点で従来の金融資本規定よりも画期的であるが、他面において、やはり、企業金融過程の論理的展開の不十分さが、独占それ自体の形成に、信用制度が作用し、したがつて、独占資本の存在形態が、信用制度の発展たる株式資本であることを見逃すことによつて、金融資本化の必然的基礎が不充分にしか展開されていないものと思われる。現実資本の集中に、貨幣資本の運動が媒介的に作用するからこそ、その後に確立する独占資本が、金融資本化するのである。

第二節　金融資本規定とその諸批判

現実的に機能する産業資本は、そのたえざる過程において、資本の有機的構成を高度化することによつて、利潤率の低落と抵触し、それを償うために、再び資本量を増大するという過程を反復する。この反復は、資本が機能しうる最低限の分量を、たえず増大させるのであるが、この量的増大は、特定点において、私的資本量と抵触することによつて、資本の集中運動を展開することになるのである。しかるに、これらの現実資本の運動に照応して、貨幣取扱業の発展から、貨幣資本の独自の運動が展開し、利子生み資本範疇を確立し、発展せしめる。しかるに、利子生み資本範疇がひとたび確立されると、一切の遊休貨幣はすべて、貸付けうべき貨幣資本に転化されるのであつて、それはまた、反面において、現実的な剰余価値の生産に緊縛されている、生産資本のたえざる量的増大が、私的資本に対立したえず他人資本の使用可能性を拡大する方向へ運動が展開されしたがつて、遊休貨幣資本の現実資本への転化を、現実資本運動それ自体のうちに包摂しているのである。この過程の展開は前に述べた利子生み資本範疇を発展させると同時に、この利子生み資本範疇を基底に、資本動員を行うことによつて、資本集中過程が展開されるのである。

かくして、利子生み資本範疇たる擬制資本信用によつて、資本集中が促進され、巨大産業資本を形成し、それが独占的産業資本に転化するのである。

このように、産業資本の集中が、独占を形成する根本的な基礎であるが、この過程は、利子生み資本の運動を媒介として行なわれることによつて、金融資本たる範疇を確立するのである。したがつて、独占資本主義段階における金融資本の本質的規定は、利子生み資本と独占的産業資本との結合＝融合とされるべきである。しかし、利子生み資本の主たる形態は、銀行資本であるから、その融合の一般的形態は、銀行と独占的産業資本との融合形態となるのである。だからといつて、単に銀行資本と産業資本との結合を金融資本として範疇的に規定すると誤解を生ずることになる。

独占資本の集中過程または形成過程が、利子生み資本範疇たる擬制資本＝株式資本を媒介として展開されることによつて、独占資本を確立し、したがつて独占資本の存在形態が利子生み資本形態となるのである。このことが本質的な基礎であることによつて、金融資本範疇が導かれねばならない。この範疇規定について、すでに林氏は次のような明確な見解を展開しておられる。

「株式資本においては、すでにみたように、利子生み資本の一般的形態としての銀行資本と機能的形態における産業資本とが再統一されている。ところで、銀行資本は他人資本すなわち、貸付貨幣資本の一般的な存在形態である。その意味で、金融資本とは、たんに銀行資本と独占産業資本との融合というよりも、むしろより基本的には利子生み資本と独占的産業資本との融合というべきであつて、金融資本の典型的な存在形態としての株式資本も、したがつて、利子生み資本と独占的産業資本との融合体なのである。」(林　要　経済評論　一九五五年二月号　講座　金融資本論15　金融資本=株式資本の二面性)

「銀行資本は利子生み資本の一般的形態であり、その意味で、金融資本とは、銀行資本と産業資本との合生物ではあるが、しかし、金融資本が金融資本たるためには、銀行資本たる形態そのものが必然的要件ではないのである。むしろ、金融資本にとつてより本質的なことは、銀行資本でなく、利子生み資本が独占的産業資本と合生するという点である。」(同右)

また、川合氏はこの点について、次のように展開しておられる。

「したがつて、金融資本を独占資本一般に解消するのは、一つの抽象である。また、金融資本を銀行資本或いは独占的大銀行資本と同視し、金融資本支配を銀行資本支配に限定するのは誤りである。しかし、金融資本は、現実には必ず信用制度(もちろん銀行を含む)と結合して存在する――これはもちろん、必ずしもそれが銀行そのものであることも、また直接銀行から借りていることも要しない、株式会社形態をとつていることは、利子生み資本の法則を最高度に利用していることである――独占資本をさすのである。「独占、銀行と産業の『癒合』」とは、かかる意味であり、銀行というときそれは貨幣資本の代表的なものとしてあげられているにすぎない。したがつて、金融資本とは資本主義に内在する不均等発展の激化した集中=独占の具体的な存在形態という一つの具体的な歴史的範疇である。」(川合一郎　経済評論　昭和二六年二月号　論壇　八九頁)

かくして、独占資本から金融資本へ発展するのではなく、独占資本それ自体の資本構造が、利子生み資本形態として与えられていることから、川合氏が述べている如く、「金融資本を独占資本一般に解消するのは一つの抽象」として呼ぶべきであつて、二つの異つた資本形態として把握すべきではない。それは同じ歴史的範疇である。

これらの金融資本範疇の一般的規定が、明確に与えられていないならば、それぞれの景気循環における銀行資本と産業資本の関係の一面的評価によつて、銀行資本の支配を過度に強調して、金融資本の一般的規定としたりする混乱が生じるのである。たとえば、ヒルファーディングは、次のように金融資本を規定している。

「だから、銀行への産業の従属は、所有関係の結果である。産業資本のうち、これを充用する産業資本家たちの所有でない部分が、ますます増加する。かれらは、この資本の処理権を銀行をへてのみ獲得するのであつて、銀行は、かれらに対しては所有者を代表する。他方において銀行は、ますます産業資本家となる。わたしは、こうした仕方で現実に産業資本に転化されている銀行資本、すなわち貨幣形態における資本を金融資本と名づける。」〔註1〕

と、そして、

「それは、所有者たちにとってはいつも、貨幣形態をたもつものであり、かれらにより貨幣資本すなわち利づき資本の形態で、投資されるものであり、かつ、かれらにより、いつでも貨幣形態で回収できるものである。」〔註2〕

としている。

（註1・2）　ヒルファーデイング　金融資本論　邦訳大月版　三七三頁）

この規定は、いろいろに解釈することが可能であるが、しかしまた、それ故に誤解される可能性を含んでいる。ヒルファーデイングは、その前の諸章で、信用論を展開し、資本の集中と信用との関係を展開しているのであるが、その帰結としての一般的規定を与える点で不十分であつたといえる。「金融資本論」のこれまでの叙述の中で、たえず銀行資本の産業資本への優位を説いているので、それは、彼の執筆頭初からの目的が、銀行資本の支配を展開することにあつたかのようである。前の規定にしても、前者の引用は、銀行資本があたかも自己資本のみで形成せられているようであり、産業資本への銀行資本の固定化が、銀行支配論の根拠のようである。そして後者の部分は擬制資本範疇を導入しているようであるが、これは論理の一貫性を欠いているといえる。前に私が規定したように、銀行資本は利子生み資本範疇の一般的形態である。現実的資本と貨幣資本との流動関係が利子生み資本範疇を媒介として行われることによつて、現実資本の集中を展開するのである。だからこそ、銀行資本の融合の論理的帰結をうることができるのである。現実的資本の資本需要が増大する経済循環の時点において——たとえば不況期においては——銀行資本の支配力は増大するであろうし、逆の場合には逆の関係が成立するであろう。また、特殊なドイツ的な資本集中形態——特に、後進国の近代化の過程においては——は、銀行資本の支配が現実的に強力であつたといえよう。

しかるに、金融資本は、資本制的生産様式の一定段階における歴史的範疇である。したがつて、そこには、資本制的生産の発展における信用の役割が歴史的に展開されなければならない。私が前章で展開したごとく、利子生み資本範疇の発展は、ついに擬制資本を確立するのであるが、それは、単なる銀行信用ではないのであつて、より歴史的に高次な段階に照応するものである。それは独占段階の信用形態である。

さて、ヒルファーデイングの前の引用文中に次のような論述がある。

「他方において、銀行は、その資本のますます多くの部分を産業に固定せざるをえない。」

と。

このことも、私は、才二章で展開したのであるが、固定資本への銀行信用は一定の限界をもつものであり、銀行資本の本来的特質から、それは限界性が与えられているのである。だからこそ、資本の擬制化の論理的展開が導かれるのである。ヒルファーデイングの混乱は、次のようなものである。才一に、銀行資本の産業資本への固定化が、銀行資本支配論の根拠となり、才二に回収性を提起し、才三に、一般的には「現実に産業資本に転化されている銀行資本を金融資本」と規定するというようなものである。これらの混乱は、才三の一般的規定において誤解されるのであつて、それは、銀行資本＝金融資本という解釈が生まれる原因である。

さらに、レーニンにいたつては、これらの混乱が皮相的に展開され、現実的把握に終つている。レーニンは、彼の「帝国主義論」を「生産の集積と独占」から説きはじめ、「銀行の新しい役割」から、「金融資本」の考察を進めているが、そこには何ら論理的展開がないのである。特にマルクスが、資本論才三巻で展開した信用論の研究が不十分なためか、単なる現象的把握に終つているのである。

まず、レーニンは、

「資本主義はその帝国主義的段階で、生産のもつとも全面的な社会化の戸口に到達する。それは、いわば、資本家たちを彼らの意志と意識とに反して、競争の完全な自由から完全な社会化への過渡の、ある新しい社会秩序にひきずりこむ。」(才一章　三七頁)

と述べて、その「社会化」の形態については何らふれることなく、また、次のように述べている。

「これらの術策と詐欺との基礎には生産の社会化があるがようやく、この社会化にまでこぎつけた人類の巨大な進歩がなんと、投機者を利するようになつているのである。」(三六頁)

このような「投機者を利する」点に「人類の巨大な進歩」たる「生産の社会化」を求めるのは、信用制度の発展の歴史的・客観的な役割を過少に評価することになり、特に、擬制資本の歴史的評価を見誤らせることになる。かくして、現実資本の集中傾向を数字的に説明してのち、「しかし近代的独占の実際の力と意義とにかんするわれわれの観念は、もし銀行の役割を考慮にいれなければ、極度に不十分で不完全で、またあまりに過少評価となるであろう。」としている。

ここで注意しておきたいのは、すでにこの叙述によつて明らかなごとく、独占の形成に信用が媒介的役割をはたしていることが、忘却されていることである。いかにして、資本が集中されたかは、何らふれられることなく、独占的産業資本が叙述され、そうすることによつて、他方に、銀行の集中と、産業資本との結合が叙述されるのである。すなわち、「分散した資本家たちからただ一人の集団的資本家がうまれる。銀行は若干の資本家のために、当座勘定をひらいて、まるで、純粋に技術的でもつぱら補助的な業務をおこなう。だが、この業務が巨大な広がりにまで増大すると、ひとにぎりの独占者たちが、全資本主義社会の商工業の機能を自己に従属させるようになる。彼らは——銀行取引関係、当座勘定、その他の金融業務をとおして——まずはじめは、個々の資本家の営業状態を正確に知る可能性を得、つぎには、信用拡張するか、縮少するか、またはそれを容易にするか、困難にするかによつて、彼らを統制し、彼らに影響をあたえる可能性を得、そして最後に、彼らの運命を完全に決定し、彼の収益性を決定し、彼らから資本を引きあげたり、または彼らの資本を急速かつ大規模に増大させたりする可能性を得るのである。」としている。

このような展開の仕方は、そこに内在する必然性を展開することなく、現象的に述べられているに過ぎないものである。そして、擬制資本範疇の導入は全然ないのである。したがつて次のような結論を得るにいたるのである。「また、もし銀行が膨大な量の資本をその手に「あつめ」、もしある企業の当座勘定の開設によつて、銀行が、その顧客の経済状態をより詳細に、より完全に知りうるようになるならば——そして実際にそうなつているが――、その結果、銀行にたいして産業資本家が、いよいよ完全に従属するようになる。

「これとともに、いわば、銀行と最大の商工業企業との人的結合が発展する。すなわち、株式を所有するとか、商工業企業の監査役会（あるいは取締役会）の役員に銀行の取締役がはいりこむとか、または、その逆の方法によつて、この両者の融合が発展する。」として、銀行が産業資本の経済状態を完全に知るようになることによつて、その支配が確立するとするのである。

現実資本の運動と貨幣資本の運動との一定の論理的展開を試みることなしに、銀行の支配や、人的結合を展開することは、それが現象的把握であることによつて、その本質的契機がみのがされ、したがつて逆の傾向が現象的にあらわれる場合には、それが本質的に逆の傾向であるとされてしまう。前に展開したごとく、一般的には、銀行資本と産業資本とが融合するのは、独占資本範疇の特質であり、資本制的生産様式の歴史的範疇である。この視点から、金融資本あるいは帝国主義の規定をあたえなければならない。現実資本がその経済状態を知られるか知られないかによつては、銀行資本と独占的産業資本の融合は生れないのである。このようなレーニンの論理の展開の仕方は、ヒルフアーデイングが前に引用したごとく、銀行資本の産業資本への固定化によつて、銀行資本支配論を展開しているのと同じ皮相的な見解であり、むしろ、レーニンの分析は、ヒルフアーデイングのそれに比して、より皮相的であるとさえいえるのである。したがつて、レーニンは才三章の「金融資本と金融寡頭制」において、ヒルフアーデイングの規定を引用してのち、次のように述べている。「この定義は、そのなかに、もつとも重要な要素の一つ、生産と資本との集積は、それが独占にみちびきつつあり、またすでにみちびいたほどに、高度にたつしているということにたいする論及がないというかぎりでは、不完全である。もつとも、一般的に、ヒルフアーデイングの叙述全体のなかでは、とくにこの定義がひきだされた章の、まえの二つの章では、資本主義的独占の役割が強調されている。

生産の集積、そこから発生する独占、銀行と産業との融合あるいは癒着――これらの点に、金融資本の発生史と金融資本の概念の内容がある。」

このレーニンの叙述は、現実的資本＝産業資本の集中＝独占が一方において強調され、他方に、銀行と産業の融合が強調されているのであつて、その間の論理的展開がなく、また関連性がなく、分裂しているのである。したがつて、「これらの点に金融資本の発生史」があるということはできない。また、それは、「レーニンが『帝国主義論』を書いた当時は、銀行資本の力が非常に強くなつた時代であつたが、才二次大戦以後は産業資本の力が非常に強くなつたのではないか、レーニンの云つた意味での銀行資本の力の増大は云えないのではないか」（世界一九五六年十月号「現代帝国主義」小椋広勝の発言）というようなことではなく、基本的には、資本制的生産様式の一定の発展段階において、貨幣資本の独自的範疇が確立し、したがつて貨幣資本の運動と現実資本の運動が異つた形態で展開され、現実資本の集中に貨幣資本の運動が媒介的に作用したということを、レーニンがみのがしている点である。

このことに関して、副島氏は「レーニンは、株式会社制度の普及と独占体の形成の問題については、経済学的に立入つた考察をするまでにいたらなかつたのではないか、と推測することをゆるすような叙述が、レーニンのなかには見られるのである」と、そして、「このように株式会社制度の経済的意義については、レーニンは、あまりかたつていない。こうして、「帝国主義論」におけるように、その他の著述でも（たとえば「ロシャにおける生産の集積」オ十八巻　二八三頁―二八四頁　参照）独占は生産の集積から直接に導びきだされてくるのである。この点で、レーニンを補足し発展させる必要があることは、いうまでもないであろう。」（経済評論　一九五七年十月号　レーニンの帝国主義論にかんする若干の考察）と、正当にも指摘しておられる。この点については私は、同意見をもつものである。

オ三節　金融資本の運動

以上、われわれは、資本制的生産様式の高度な発展は、現実的産業資本の集中をもたらすが、それは同時に、貨幣資本の利子生み資本範疇を基底とする独自的運動をもたらし、かくして、この現実資本の集中が、貨幣資本の利子生み資本形態を媒介として形成されることによつて、できあがる独占的産業資本の実在形態が擬制資本たる利子生み資本であることにおいて、金融資本なる規定を与えたのである。したがつて、金融資本の全運動は、現実資本の運動と貨幣資本の運動との相互規定的な合成運動としてあたえられる。これら両資本の運動の関連をマルクスは、オ三部、オ五篇最後の諸章において展開している。

ここでマルクスの課題は、貨幣資本の蓄積が現実的資本の蓄積と一致するかどうか、貨幣資本の不足は、現実資本の不足を表現するのかどうかということを、「吾々が信用業に関して、これから近づこうとする比類なく困難な問題」（D・K・Ⅲ五二〇頁）として提起され、展開されている。

すなわち、「貸付可能な貨幣資本の増加は必ずしも、現実の資本蓄積または、再生産過程の拡大を示さない。このことは、産業循環において恐慌きりぬけ直後の貸付資本が大量的に遊休している段階で最も明瞭にあらわれる。かかる瞬間――生産過程が制限され（イギリスの工業地方における生産は、一八四七年の恐慌後には、三分の一だけ減退した）、諸商品の価格が、その最低点に達し、企業精神が痲痺しているかかる瞬間――には、一般的には利子歩合が低いのであるが、これはこの場合、まさに産業資本の収縮および痲痺による貸付可能資本の増加以外の何ものも示さない。」（同右五二九頁）ものであることを述べ、更に次のように指摘する。「商業信用の膨脹と結びついた還流の容易さおよび規則正しさは、貸付資本の供給を需要の増大にもかかわらず保証し、利子歩合の水準の昂騰を妨げる。他方では、いまや初めて、準備資本なしに――または総じて資本なしに――事業をする、したがつて全く貨幣信用をあてにして操作する騎士たちが、めだつて現われてくる。そのうえ今やさらに、あらゆる形態での固定資本の大膨脹、および、新たな大企業の大量的開始がつけ加わる。利子はいまや、平均高度に昂騰する。利子がふたたび最高限度に達するのは、新たな恐慌が勃発し、信用が突然に停止され、支払が停滞し、再生産過程が痲痺し――前述の例外はあるが――殆んど絶対的な貸付資本の不足と相並んで、失業した産業資本の過剰が生ずるときである。」（同右五三三頁）として、貨幣資本の不足は他方に、産業資本の過剰が対応することを明らかにして、また、次のように結論づける。「だから、大体、利子歩合で表現されるような貸付資本の運動は、産業資本の運動と反対の方向に経過する。」（同右）それは、すなわち、「産業循環の発端では、低い利子歩合が産業資本の収縮と一致し、産業循環の終点では高い利子歩合が産業資本の過剰と一致する。」（同右）とする。

これらマルクスの考察から、産業資本、すなわち現実資本の過剰が貨幣資本への需要の増大による不足として現われ、産業資本の収縮は、貨幣資本の過剰として表われるということが導かれる。この一般的な現実資本と貨幣資本の連関の過程は、当然銀行資本と産業資本との関係に表われる。したがつて、産業資本の過剰状態は、貨幣資本へのたえざる需要の増大として現われ、したがつて、利子歩合が昂騰し、銀行資本の地位は産業資本に対して、優位に立つのであり、逆の場合は逆であると推定することが出来る。また急速な資本の蓄積、すなわち、急速な資本の集中=独占が行われる場合、貨幣資本需要の増大が行われるため、銀行資本の地位は強化されるのである。この点から、ドイツにおける銀行資本の相対的優位化が導びかれるべきである。かかるドイツの過程について、大野英二氏は、次のように展開している。

「さて、オ四期、九十年代とりわけ九五年以降は、産業資本の、わけても石炭=鉄鋼業を基軸とする電機工業および化学工業の鍵鑰産業における資本集積、集中から急速に生み出された独占形成と関連して、中央集権的であると同時に、地方分権的な組織網を有し、工業上の金融業務の完全な遂行のためのすべての属性が具体化されている、ベルリン六大銀行の独占体系が完整される階梯である。株式引受け=発行業務により、固定資本のための信用の媒介を槓杆として、工鉱業の発起業務に力点をおいて登場してきたつたあの特殊ドイツ的銀行型が、五七年と七三年との、二つの恐慌を転機としてクレディ・モビリエとの本質的差異を明確にあらわして、工鉱業上の新たな発起業務にたいして、全く慎重な態度をとり正規の銀行業務の育成を基軸として活動しているうちに、その一環「交互計算業務」(Konto korrent geschäft)をますます広範囲の工業企業と業務取引をすることにより、量的に拡大し、また、「発行業務」(Emissions geschäft)よりも、交互計算業務による貸付が、はるかに優れた工業企業監督手段であることを見出すことにより、質的にも、強化していたのである。」(ドイツ金融資本成立史論 オ二章 五〇－五頁)

かくて、「交互計算業務」を通して、銀行資本と産業資本との融合が行はれるのであるが、以上の引用からもあきらかなように、はじめの集積、集中の激しい段階においては、特殊ドイツ的銀行型の銀行が、主たる業務を株式の発行引受けとして展開され、その後の過程においてそれが変質して行くのである。

現実的産業資本の集中が、貨幣資本の利子生み資本形態を基底にして展開されるとしても、前の株式資本の考察の際に叙述したように、集中され投下された資本は、現実に剰余価値の生産において機能すべき資本として、実存するのであつて、それ以外の何ものでもないのである。したがつて、集中が擬制資本たる株式資本形態によつて、行われたとしても、それが二重に存在するのではなく、現実に投下されるのである。かくして、貨幣資本が利子生み資本範疇を媒介として、現実資本に転化されるのであるが、それは、貨幣資本が利子生み資本として受取るべき利子は、剰余価値の一部分であり、したがつて、その剰余価値は、現実資本によつて生産過程で生産されたものである。もし、現実的に剰余価値が生産され、かつ実現することが阻害される場合には、当然にも、貨幣資本への利子配当は行われないか、または阻害されるであろうということは起りうることである。したがつて産業的な現実資本の相対的な収縮状態となる産業循環上の一時点においては、貨幣資本は遊離されることによつて、利子歩合が下降するのである。

われわれが、これまでの考察で展開して来たところは、利子生み資本範疇を媒介因として、貨幣資本が集中され、それが現実資本の集中、厖大化に槓杆として役立つてきたという、信用制度の積極的役割を評価することであつたのである。しかし、このことは、決して、資本制的生産様式の本来的矛盾を克服するものとはなりえないものであり、「経営者国家」「福祉国家」等々の名称を授けうるものでは勿論ないのである。他人資本利用による現実的産業資本の集積、集中は、それが生産力の増大として現われることによつて、市場の相対的狭隘性と抵触し、生産と実現の不一致として現われ、それはまた、本質的には、生産の社会的性格と所有の私的性格との矛盾として、拡大された規模で現われるのである。このことについて、マルクスは次のように述べている。

「株式会社においては、たしかに旧形態――そこでは社会的生産手段が私的所有として現実する――との対立が実在する。だが株式形態への転形そのものは、まだ依然として資本制的制限のうちに囚われている。だからそれは、社会的富としての富の性格と私的富としての富の性格との対立を克服する代りに、かかる対立を新たな姿態で作りあげるにすぎない。」

この「対立の新たな姿態」とは、いかなる形態で表われるであろうか。それは、私的所有と私的使用との一致から、信用の発展による利子生み資本形態での現実資本の集中＝独占化は、私的所有と私的使用の分離をもたらし、かつ、もし条件が与えられているならば、無限に機能資本を拡張しうる可能性が与えられているのであつて、資本の生産力をますます増大することができるのである。しかるに、この資本動員の無制約的可能性は資本主義的再生産過程の基本的矛盾を拡大した規模において展開する。それは「不変資本と不変資本とのあいだの流通が、：：終局においては個人的消費によつて制限されている」（D・K・Ⅲ）ことを排除しないからである。〔註１〕

〔註１〕「信用業が過剰生産および商業的過度投機の主要槓杆として現象するとすれば、それはけだし、再生産過程――これはその本性からして弾力的である――がこの場合には極限まで強行されるからにほかならず、しかも、再生産過程が強行されるのは、けだし、社会的資本の一大部分がその非所有者、すなわち、自分の私的資本の限界を小心翼々と考量する所有者がみずから機能する場合とは全く異なり、向うみずなことをする非所有者によつて充用されるからである。」（D・K・Ⅲ 四八二－三頁）

この拡大された矛盾は、独占的、巨大資本間の協定、結合をもたらすのであるが、それは、カルテル、トラスト、コンツェルン等の形態によつて示される。これらの作用は、市場独占、生産統制によつて、その強力さに応ずる独占的利潤をもたらすのである。これら高利潤の確保は、それが配当にあてられる限り、株価を上昇させ、また同じことは資本動員上において優位性を獲得せしめる。これは資本規模拡大の可能性をさらに補うものとして、反作用する。けだし、貨幣資本の運動は利廻り平準化として運動するのであつて、この運動はまた、擬制資本形態による資本移動として行われる。したがつて、産業資本主義段階においては、資本の移動は平均利潤率によつてもたらされたとすれば、独占段階においては平均利子率によつて、資本の移動がもたらされるということが特徴的である。

ともあれ、金融資本の運動は、一方に、資本の無制限的拡大の可能性が与えられているとともに、他方では、この拡大が市場の拡大の緩慢性と抵触するという矛盾の拡大された展開を示すのである。信用がたえず生産と資本制的社会＝所有関係の桎梏化を打破するのに役立つて来たとすれば、その増大する社会的規模への生産は、高次な段階において、さらに、実現条件たる市場関係との抵触局面を展開せざるをえなくなるのである。これら、金融資本の矛盾の展開は、信用恐慌として現われるのであるが、それの反復は、回避局面の展開を不可避のものとするのである。

この回避過程は、貨幣資本の運動に対する操作として行われるのであり、それは、擬制資本範疇のもとにおいてはじめて可能となるものである。それは、

この貨幣資本の運動に対する制限が、資本範疇の独占段階における最も有効な、生産の無政府性にたいする制限となりうることによつてである。またそれは金融資本範疇の確立によつてはじめて可能になるものである。というのは貨幣は、社会的使用価値の担い手たる特性をもつものであることによつて、商品生産社会の矛盾の統一者たるものである。この特性は、さらに独占段階において発展した形で作用する。いまや、現実資本の存在形態が貨幣資本＝利子生み資本として与えられているのであるから、この貨幣資本の運動の操作によつて、現実資本の運動を規制することが可能になるのである。それは、管理通貨制度による金利政策通貨政策として示されるものである。

貨幣資本、すなわち、利子生み資本の一般的形態は銀行資本であり、その機能は銀行券発行によつて行われるのである。銀行資本の運動は、擬制資本の運動として展開される。すなわち擬制資本の一種たる銀行券の発行によつて行われるのであつて、そこには、銀行資本の側からは何ら制約性は与えられていない。しかるに、銀行券の乱発は貨幣価値の安定性を要求する総資本家階級の要求と矛盾するのである。そこに、発券銀行の単一化が行われ、さらに、国家の干渉——その国家は独占資本＝総資本の利益の擁護体である——によつて、貨幣資本の運動を一定の方向に制約するので金利政策として、貨幣資本の運動を一定の方向に制約するのである。この点について、川合一郎氏は次のように述べている。

「銀行はそれ自体、自己の利潤を追求する個別資本でありながら、その社会的機能が総資本の共通の利害にふれる貨幣金の節約の介助＝信用貨幣の発行にあるために、貨幣の質的同一性の要求から、発行機能は必然的に単一の銀行に集中されざるをえないことはすでにみてきた。このように、発券権の集中、発券銀行の単一化は、資本の利潤追求という私的性格と資本家的な公共性の矛盾の一応の解決形態ではあつたが、矛盾は新しい段階でさらにあらわれてくる。それは、発券銀行が一つの銀行資本としてもつ利潤追求衝動と、貨幣価値の確保（価格標準の確保）という総資本的公共性からくる要求の矛盾である。発券銀行はのちに兌換請求を受ける惧れはあるにしても、それまでは、自己の利潤を追求する産業資本の要求に応え、貸付を行つて銀行券を発行すればするほど発券益に与かりうるからである。にもかかわらず、貨幣価値維持という総資本的要求は、この恣意を許さない。個別資本の利潤追求が公共性一般とではなく、資本間の公共性と矛盾するのである。この調整は総資本の公共性の体現者たる資本家国家の発券銀行に対する規制としてあらわれる。国家は今や銀行券流通のための不可欠的条件ではない兌換（＝交換）をそしてさらに、銀行券債務の担保としての金の積立を発券銀行に義務づけることによつて、無限の増発（＝借入）を抑止する。」（資本と信用　才二篇　才一章　一六八頁）

かくして、貨幣商品たる金そのものが流通している場合には商品流通によって貨幣量が与えられているのであって、もし増加するとしても、それは新産金によってのみ増加するものであった。しかるに、信用貨幣たる銀行券発行が行われるようになると、それは、資本を貸付ける形で流通に投じられるために、商品流通とは関連なしに行われることになるのである。資本の貸付は無制限に増大する可能性をもっているため、それは通貨数量を増大せしめ、貨幣価値の下落、したがって、物価の騰貴として表われるのである。これら貨幣価値の変動は、資本そのものの運動と抵触するし、また信用そのものの基礎を揺がすことになるのである。これらの回避策について、さらに川合氏は次のように説明している。

「このように資金の供金が通貨量に先行するので、通貨政策はまず、貸付政策、貨幣資本政策としてあらわれる。しかも貨幣資本の形成、その諸源泉のうち、資本が自由に行いうるのは、資本が自由にならない商品流通面、W－Gの中断による貨幣の場面でなく、信用創造によって外部的に原始的に注入しうる発券銀行による経路のみである。したがって、貨幣価値安定のための通貨政策、貨幣資本政策は中央発券銀行政策としてまずあらわれるのである。

しかも、この貸付の伸縮政策も、中央銀行が勝手に貸付そのことを直接に中止したり、あるいは再開したり、また貸付の限度をきめたりするのではなく、利子率の高きを変えることにより、産業資本の借入要求そのものを伸縮させることによって、イニシアチーブはあくまで借入者たる産業資本に委ねながら行うのである。商品経済のもとでは、価格の高低以外に取引者の行動を規制する要因は全くないからである。貨幣価格政策、貨幣数量政策、貸付政策が理論的にも、歴史的にも、金利政策として、まずあらわれる所以である。」（同上　才三篇　二七六頁）

しかるに、資本の蓄積は、金利政策が与えられていたとしても、貨幣資本の過剰としてあらわれるのであって、とくに、これらの部分が産業資本家及び市中銀行に所有されている場合、無制限に投下される可能性が生じ、それがまた、通貨量を増させることになるのである。このため、中央銀行および国家は、流通手段の引上げを、確定日払債権の形で長期に引上げることによって、中央銀行への借入依存度を増大させ、金利政策の有効性を拡大しようとするのである。しかも、資金需要の増大が発生した場合にはそれを、一覧払債権に転化することによって解決するという政策を行うことになるのである。この政策が、公開市場政策である。

これら、金融操作による金融政策は、貨幣資本の運動に対する一定の統制として作用することによって、間接的に現実資本の運動を規制することになるのである。過度な資本動員による生産の過剰化傾向に対しては、中央銀行の利子歩合を引上げることによって、これを抑制するのである。しかるに、この作用は、あくまでも間接的であって、本来的な生産の無政府性を回避するものではないのである。けだし、利子歩合の引上げ操作は、すでに現実的に投下され、機能している資本に対しては、効果をもたらすことができないからである。

編集後記

第二号の発行日付を見ると、五七年十一月一日となつているから、三号が出るまで一年近くたつたわけだ。この一年の間にいろいろな事がおきた。その一つに、人民日報とプラウダのはじめた反ユーゴ・カンパニアがある。これは国際共産主義運動内部の問題だとも言えるだろうが、決してそれだけにとどまらないで、現在の世界の動向に大きな影響と作用を及ぼしている。

それは日本にも及んだのか、同人の大池文雄が日本共産党から除名された。その理由を強いて探すと、彼が党の正式機関・組織に断りなく、同人誌の発行などに参加し、意見を述べ、かつまた批判的な文書を「批評」にのせ、忠告にもかかわらず、あえてそれを続けるという意志表示をおこなつた――という事にあるらしい。大池は一・二・三号と論文を載せているが、そこで提起している問題に対する解答はなんらなされないままである。事実的なことにしろ、あるいは理論的な問題にしろである。

ところで、大池除名のしばらく前に、「日本におけるトロツキストの動向」なる文書が、「日本共産党統制委員会の名儀によつてアカハタに載せられ、そこで大池ばかりでもなく、批評同人もとりあげられている。いつの間にかトロツキストにさせられてしまつたのだろうか、と笑い話をしたものだつた。それによれば、批評は、探究の諸君などと比較して若干あいまいであり、言わば「アナルコ・トロツキスト」の集りにされているようだ。これには、いささか驚きもし、アナキズムとはいつたいなにやらかと思いめぐらし、勉強してみようなどという話も出てきた。

「現代の日和見主義は組織論における日和見主義となつて現われる」とはレーニンだか誰だかの言葉だが（私にはつきりした記憶がない）、これはなかなかもつて意味深長である。「レーニン型の党」と俗に呼ばれる組織形態は、当時と大きく変化した状況のなかで、なお進展性を持つているか、が今日問題となつているのではなかろうか。状況とは、現在の、また未来の労働者の全生活様式である。労働者は工場において組織されている。労働者党は、そのモデルを工場に求めなければならないだろう。労働者がみずからを生産し再生産しつつある方法と形態に、党は深い注意をはらわねばならないだろう。しかも最も遅れた所にではなく、最も進んだ所に。そこにおいては、未来の労働者の相互関係は、いかに暗示されているだろうか。

エンゲルスがあげ、またレーニンがひいている鉄道は次才に時代遅れとなり、近い将来道路交通が経済の大動脈としての役割を果すこととなるだろう。最新式の化学工場は未来のすべての工場の姿を暗示している。そこでは、工場長――技師長――技師――職長――熟練労働者――未熟練労働者のヒエラルヒーは不必要となるばかりでなく、有害とさえなるだろう。それにかわつて、創意性と独立性をもつことを要求される労働者集団が現われるであろう。ひとりひとりの労働者が全生産過程について広汎で深い知識を持つことが要求されるようになるや、工場内部のヒエラルヒーは漸次的に、あるいは急激に崩壊させられていくだろう。社会体制の変革はこの過程を爆発的に押し進めるにちがいない。そして、今では「夢物語」と嘲笑されている「コンミユーン」を現実的な課題とするだろう。コンミユーンはみずからの足でしつかりと立ち、その原則を犯そうとする力に、効果的に抵抗し勝利するだろう。マルクスのとほうもない「夢」は、「無階級社会の実現」は、コンミユーンを通じて現実となつていくだろう。

このような状況のなかにあつて、「組織論における日和見主義」とは、いつたい誰の、そしてどんな思想であるのだろうか。

（石垣）

『批評』復刻版　大池文雄著作集 付録

2016年10月23日　第1刷発行

（定価はカバーに表示してあります）

著　者　　大池　文雄

編　者　　小島　　亮

発行者　　山口　　章

発行所　名古屋市中区上前津2-9-14　久野ビル
振替 00880-5-5616 電話 052-331-0008　風媒社
http://www.fubaisha.com/

乱丁本・落丁本はお取り替えいたします。　＊印刷・製本／モリモト印刷

ISBN978-4-8331-3173-5